종이 인테리어 소품

종이 두성종이
표지용지 포커스 White : 256g
면지용지 스펙트라 P85 : 120g
본문용지 씨에라 : 128g
부록표지용지 포커스 Snow White : 209g
부록본문용지 씨에라 : 128g

종이로 꾸미는 공간

종이 인테리어 소품

1판 1쇄 인쇄 | 2017년 4월 20일
1판 1쇄 발행 | 2017년 4월 26일

지은이 김은주, 방경희, 이정은
기획&디자인 상컴퍼니 想company
감수 (사)한국종이접기협회
촬영&스타일링 박인정
펴낸이 김기옥

실용본부장 박재성
편집 류인경, 이나리
영업 김선주
커뮤니케이션 플래너 손혜인
지원 고광현, 김형식, 임민진, 김주현

인쇄·제본 (주)상지사P&B

펴낸곳 한스미디어(한즈미디어(주))
주소 121-839 서울시 마포구 양화로 11길 13(서교동, 강원빌딩 5층)
전화 02-707-0337 | 팩스 02-707-0198 | 홈페이지 www.hansmedia.com
출판신고번호 제 313-2003-227호 | 신고일자 2003년 6월 25일

ISBN 979-11-6007-136-8 13630

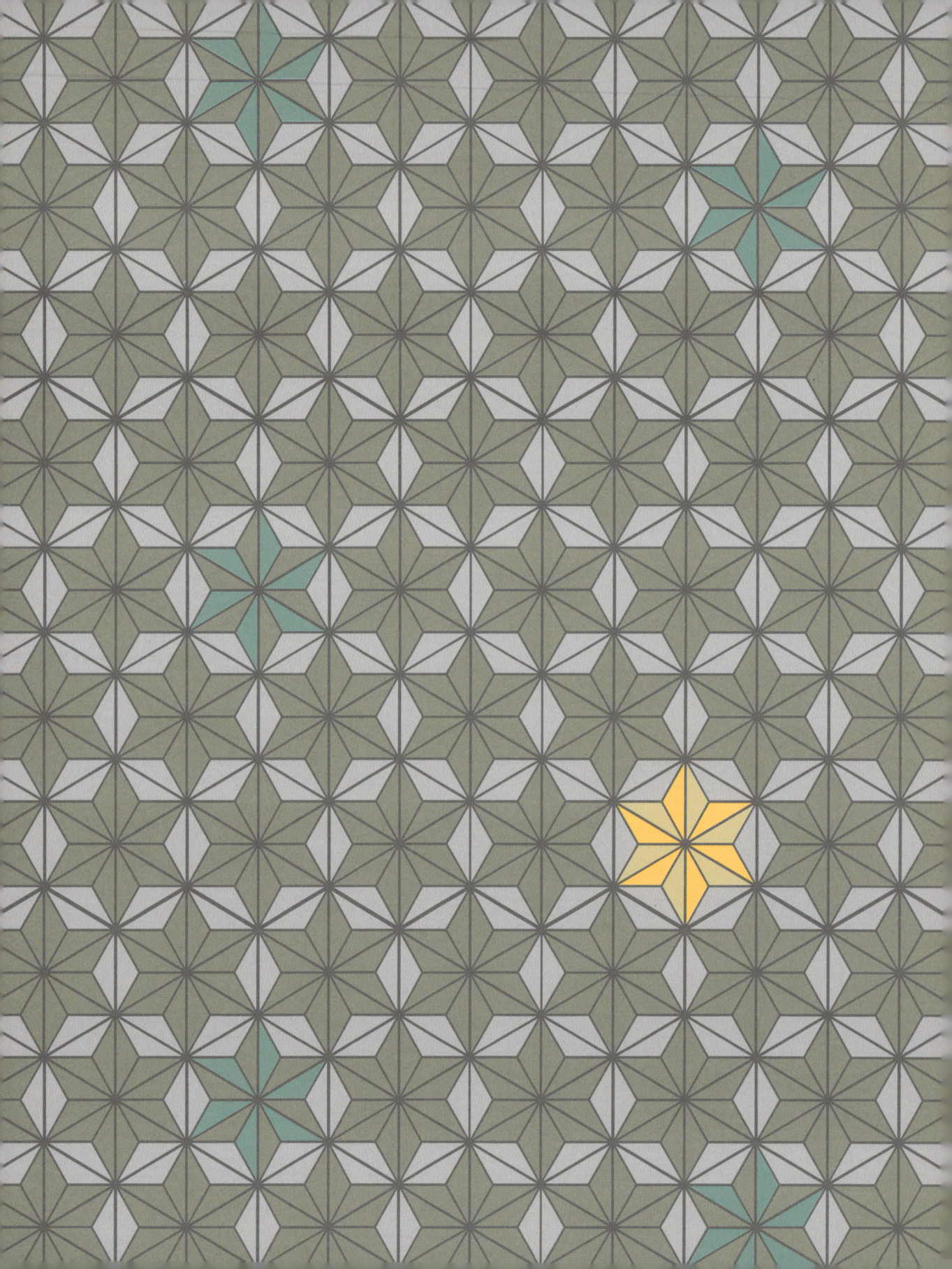

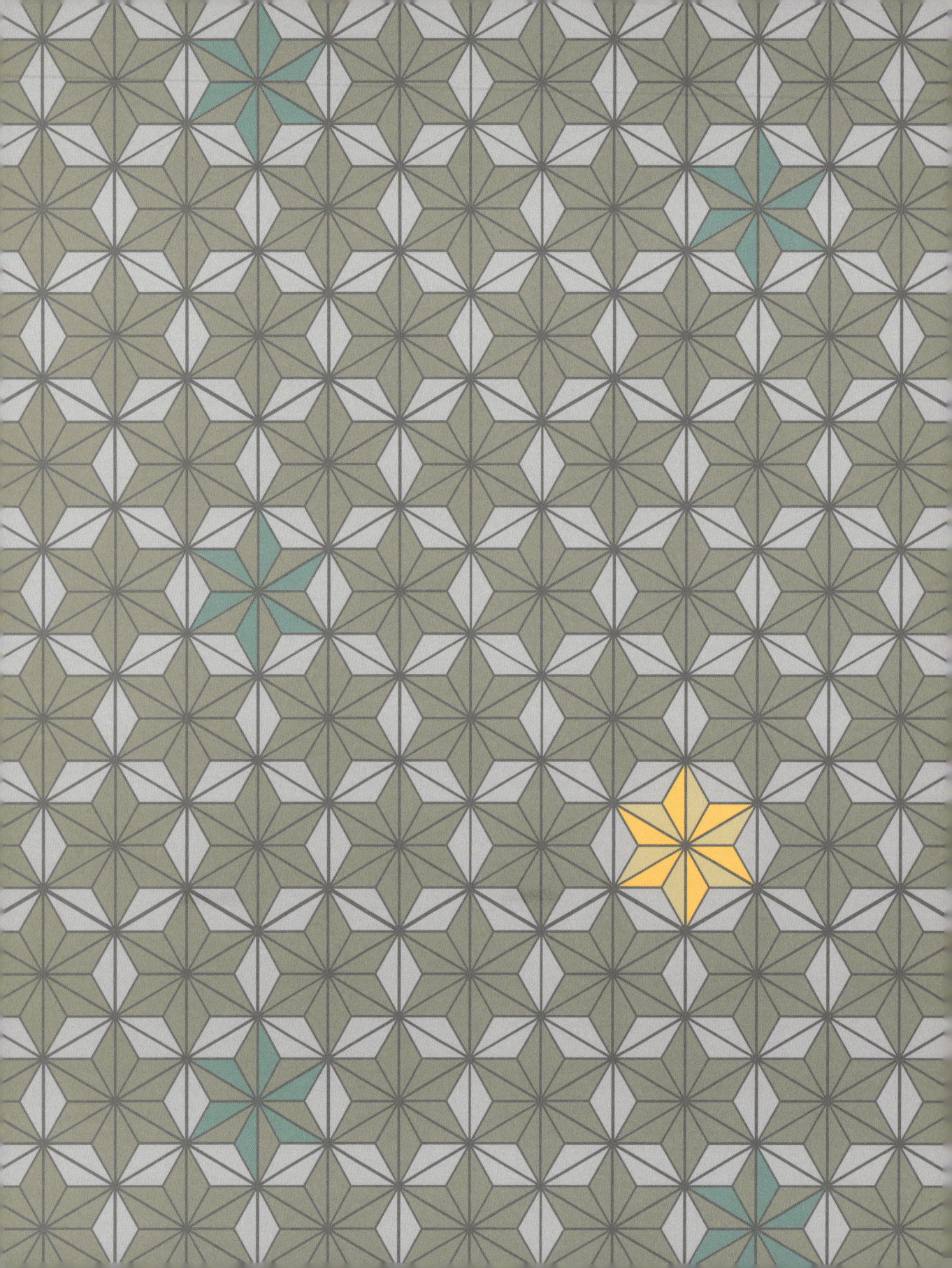

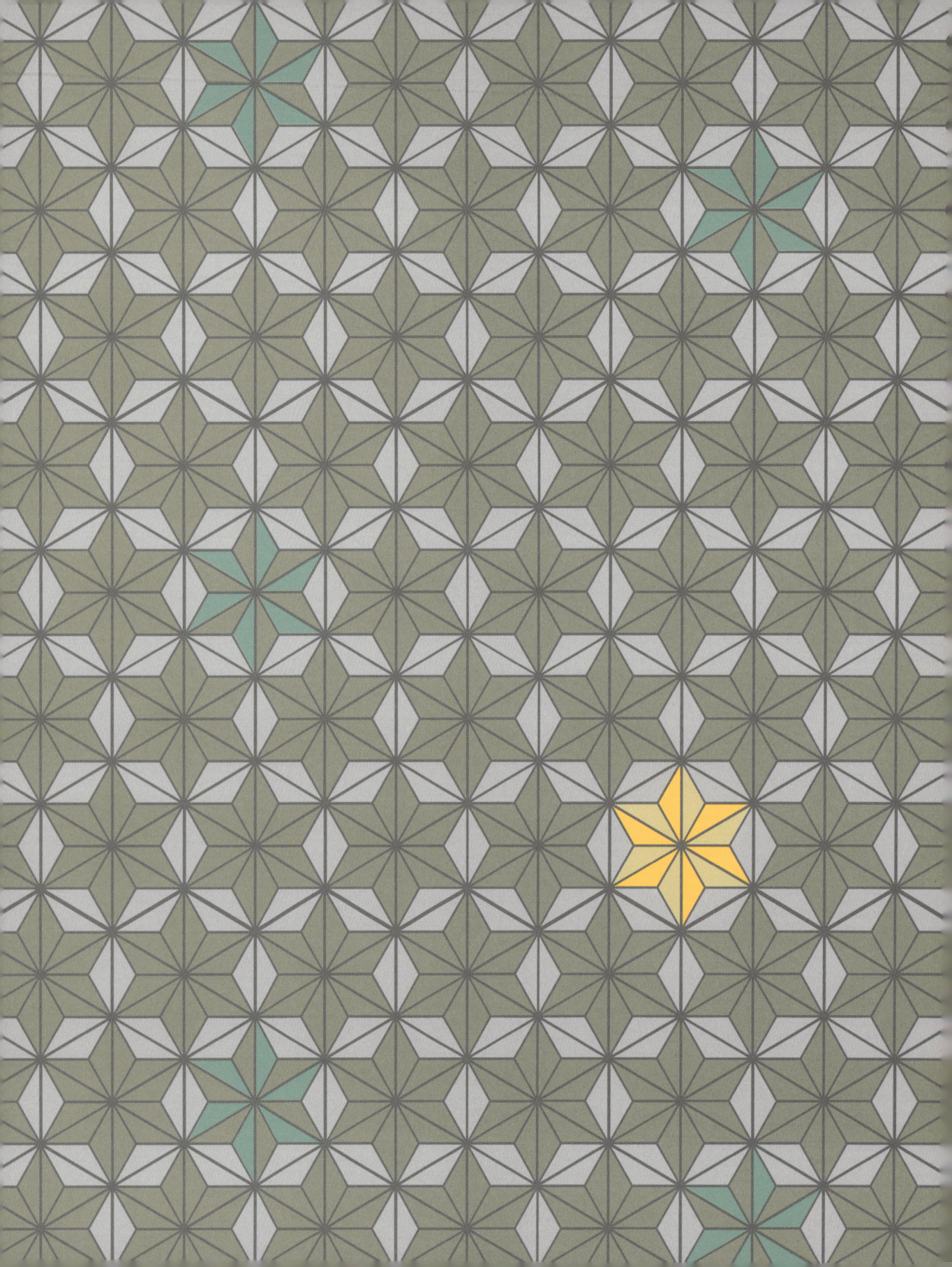

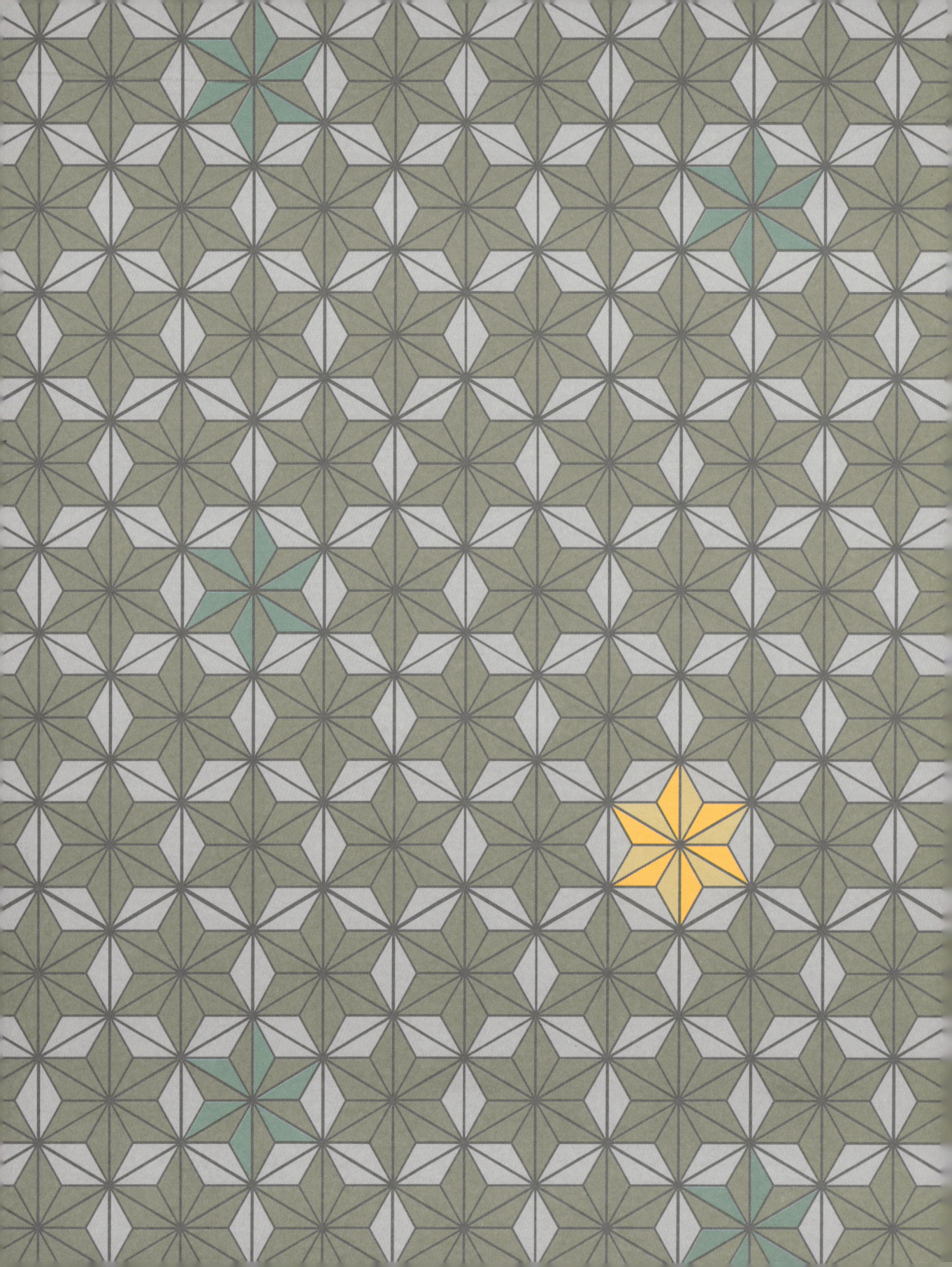

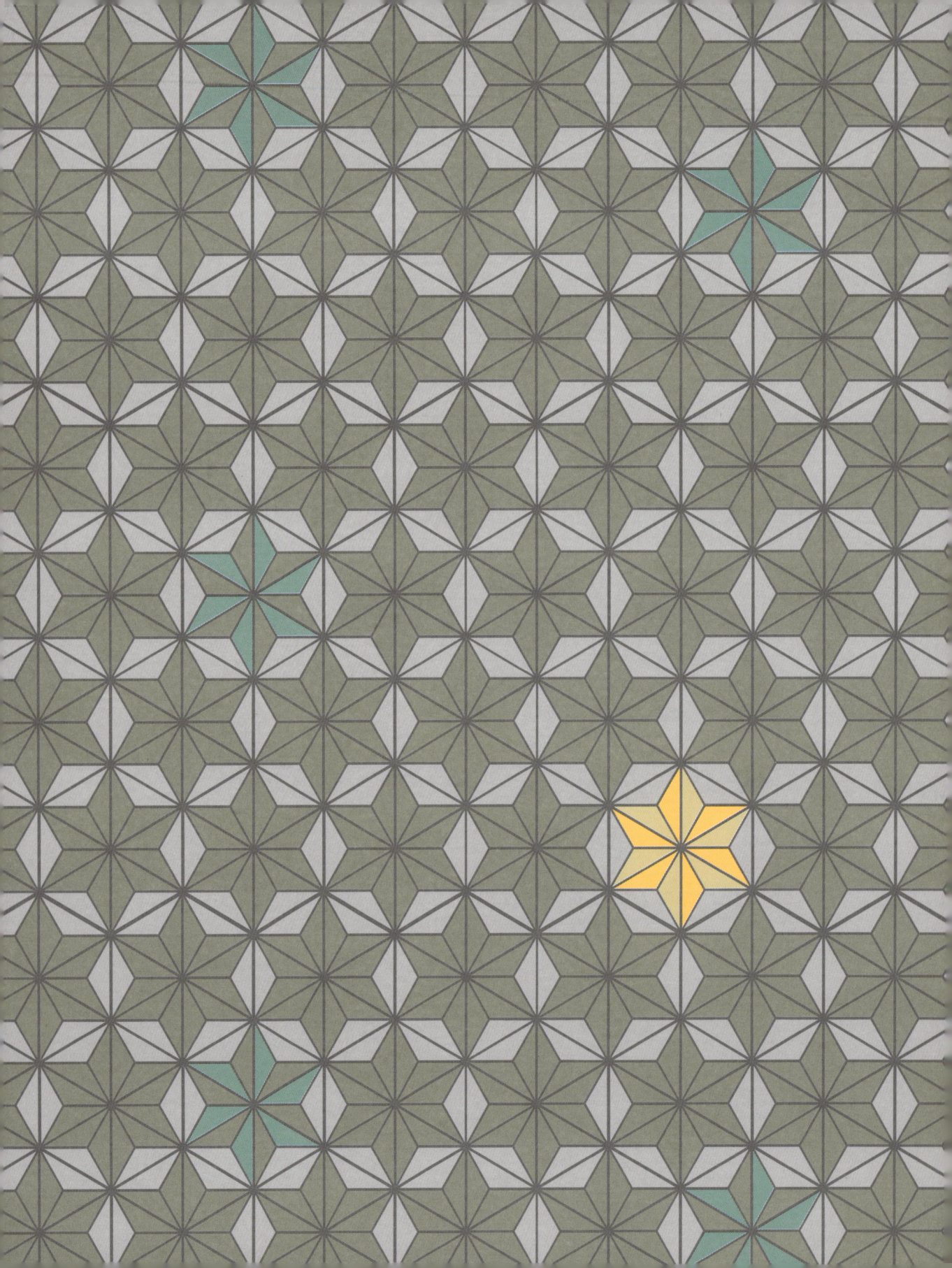

문양 A

문양 D

문양 A

문양 D

작은 집 연결 조명 144P
본문 90% 축소형

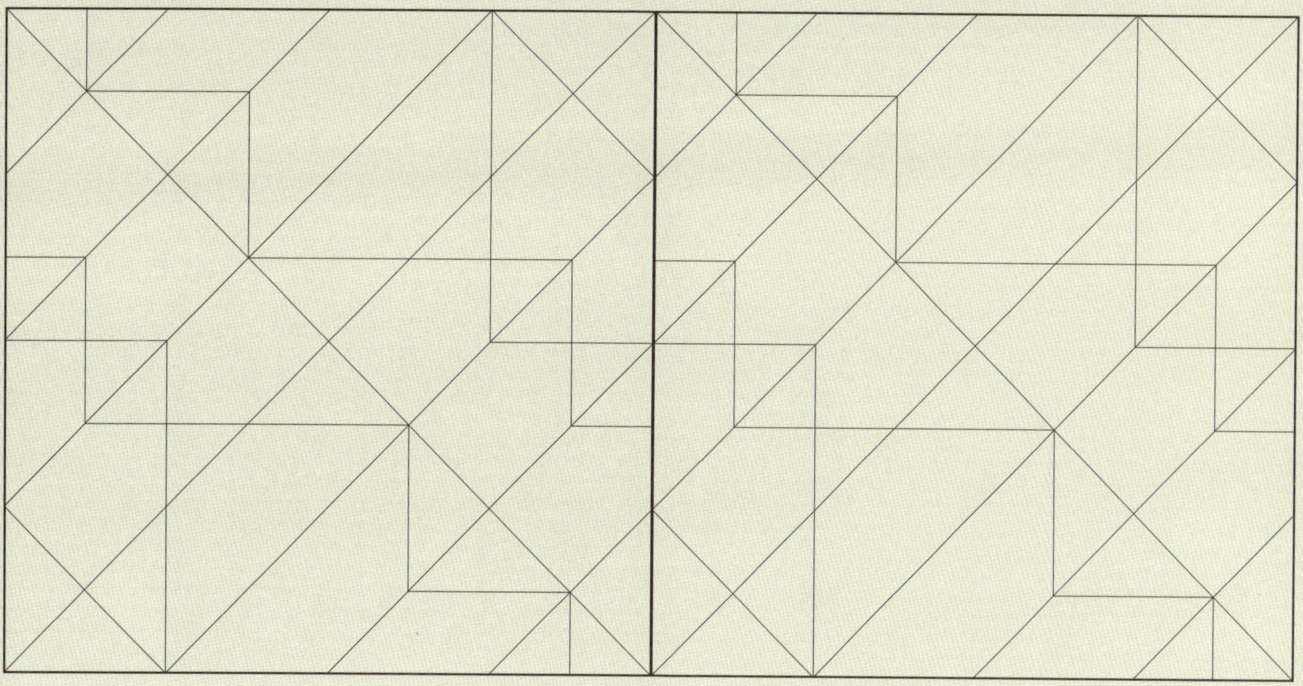

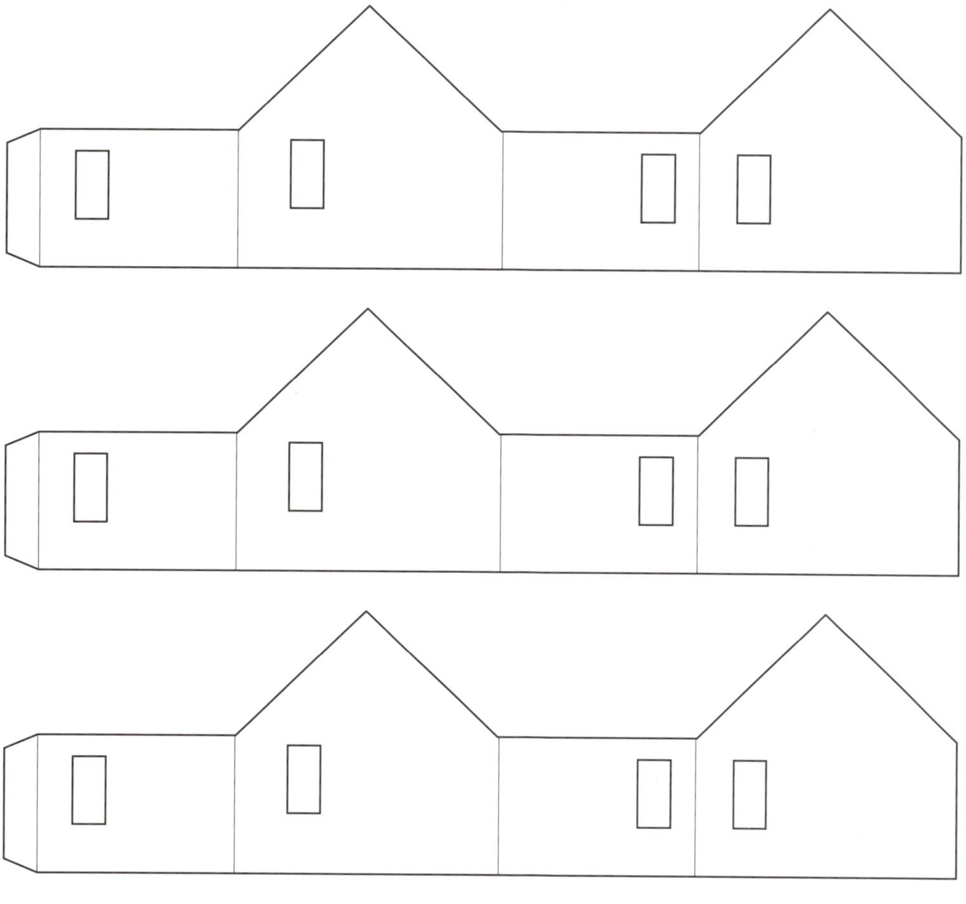

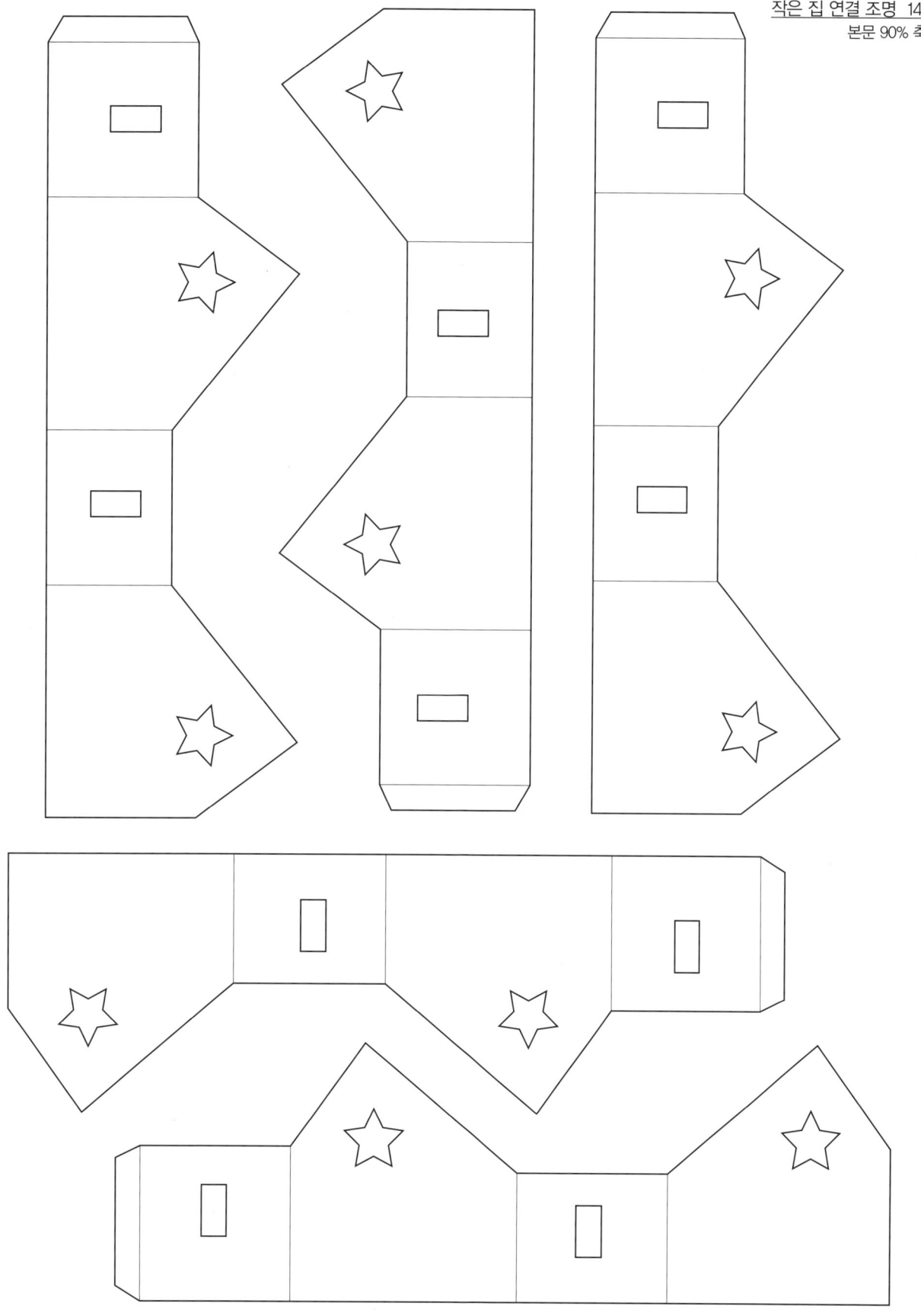

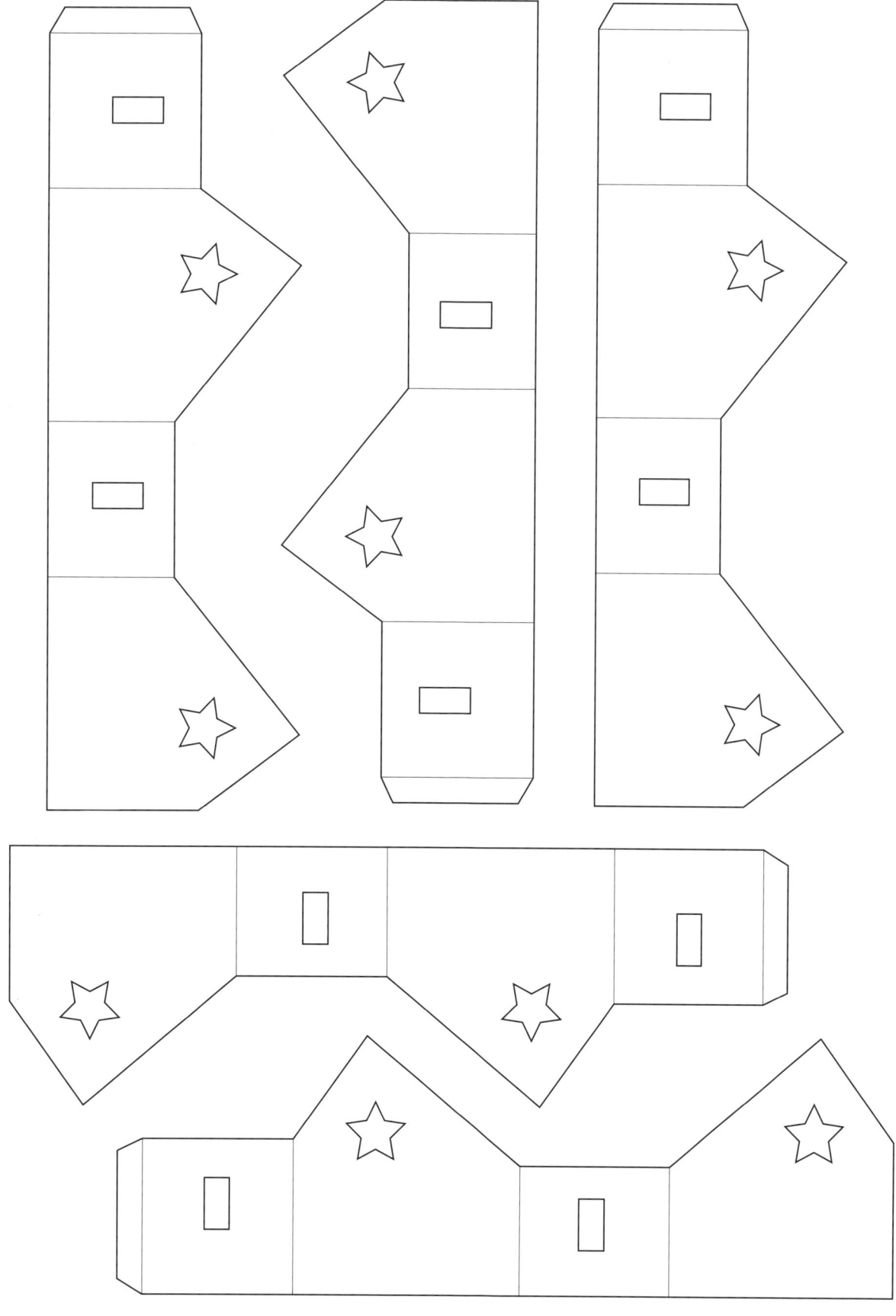

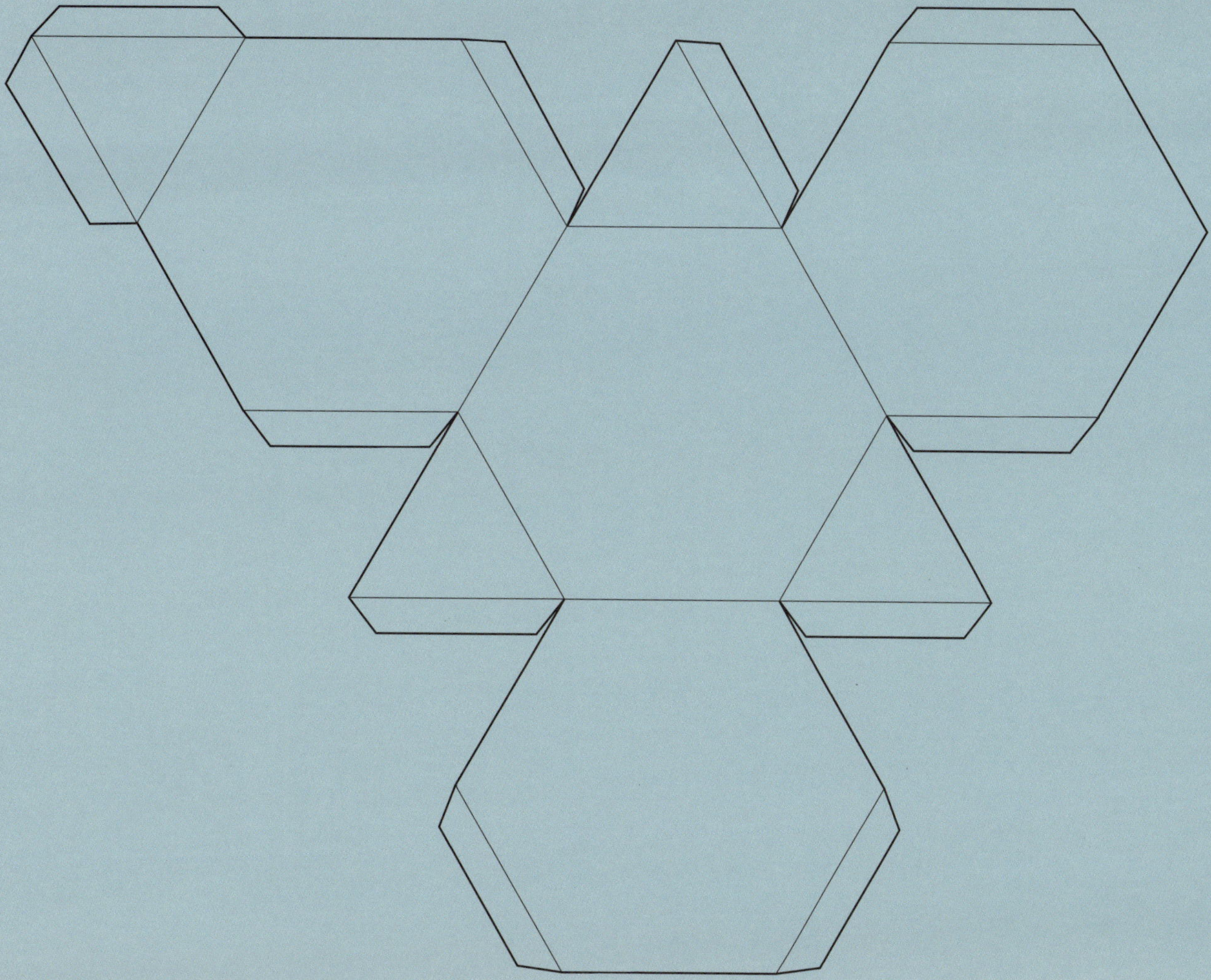

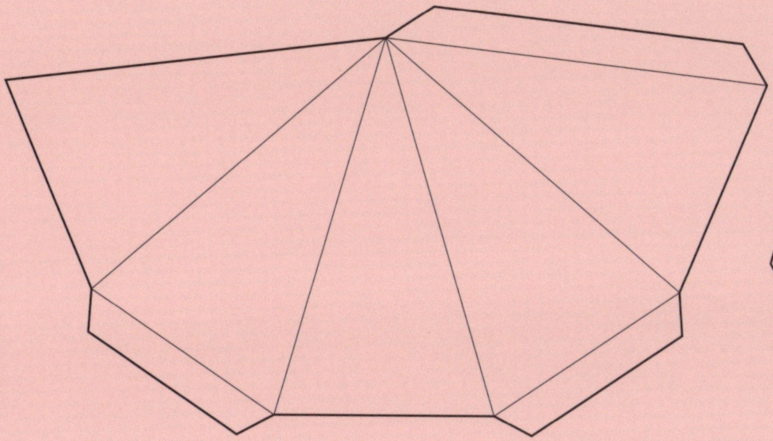

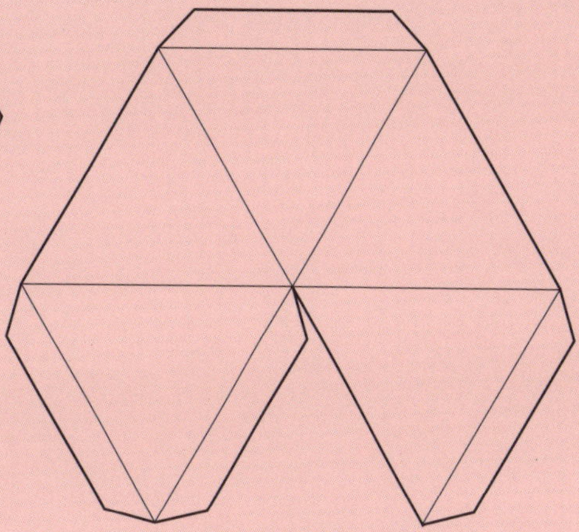

종이로 꾸미는 공간

종이 인테리어 소품

Paper interior small tools

한스미디어

CONTENTS

재료

풀

종이와 종이를 서로 붙일 때 사용해요. 물풀은 흐르고 종이가 젖기 때문에 딱풀이 사용하기가 편해요.

양면테이프

양쪽에 접착 면이 있어서 두꺼운 종이나 종이의 가장자리를 붙일 때 사용하면 좋아요. 간단한 장식이나 자석을 붙일 때도 사용해요.

가위

종이를 규격에 맞게 자르거나 모양을 오릴 때 사용해요. 여러 모양의 핑킹 가위를 용도에 맞게 사용하면 더 예쁜 모양을 낼 수 있어요.

자

치수를 재거나 선을 그을 때 사용하며, 정확한 선을 그을 수 있어요. 칼로 자를 때는 투명 자에 홈이 파일 수 있기 때문에 스테인리스 자를 사용하면 좋아요.

칼

가위로 자르기 어려운 안쪽에 있는 부분을 칼을 사용해 도려낼 수 있고, 두꺼운 종이의 접기선에 자를 대고 칼등으로 선을 그을 때 사용해요.

커팅 매트

종이 등을 자를 때 칼자국이 나지 않도록 바닥에 까는 고무 매트로 칼이 미끄러지지 않고 원하는 모양으로 자를 수 있도록 도와줘요.

종이

작품을 만드는 데 가장 중요한 재료로 용도별,
종류별 다양한 종이들이 있어요. 본 책에서는
엔젤클로스, 디자이너스칼라, 레자크, 크라프
트, 엔티랏샤, 쏘진, 머메이드 등 다양한 종이를
사용했어요.

종이 규격 치수 표

절수	치수 (mm)
전지	1091×788
2절	788×545
4절	545×393
8절	393×272
16절	272×195

*본 책의 재료에서 종이는 절수 기
준으로 표기가 되어 있기 때문에
종이 구매 시 참고해요.
(용지 평량의 단위는 g/m²이지만
본 책에서는 g으로 표기 통일)

나만의 스토리가 있는
《종이 인테리어 소품》으로
행복한 일상을 만들어요

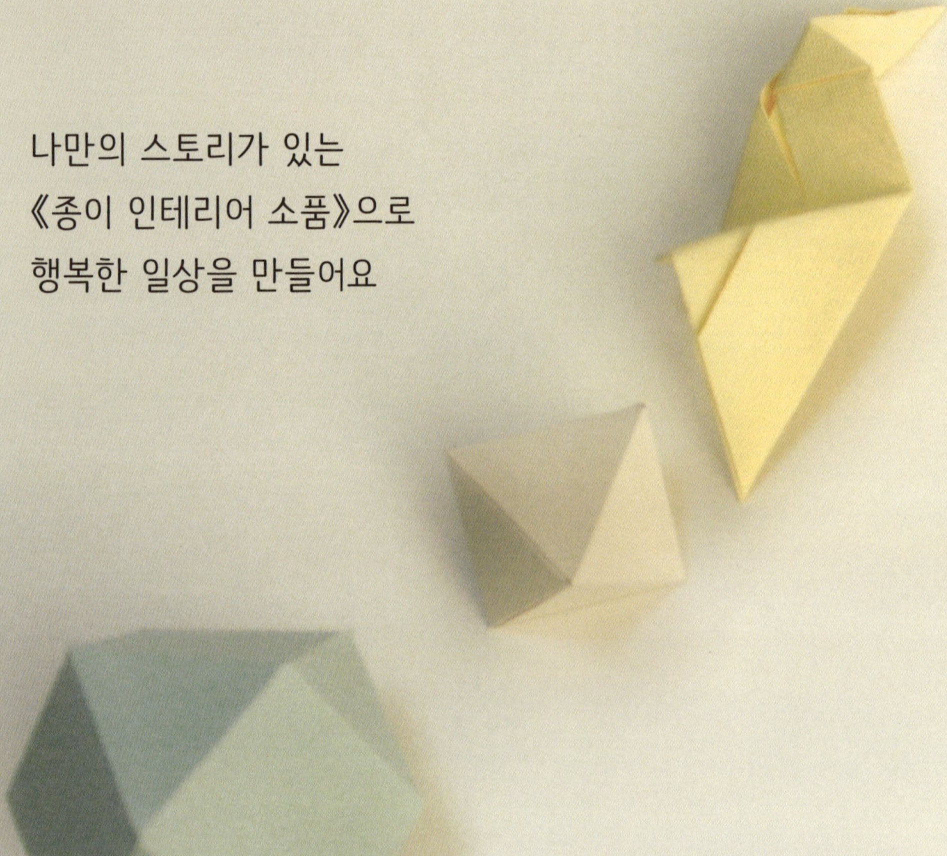

각자의 개성이 존중되는 현대 사회에서 어느덧 DIY의 열풍은 일반적인 유행으로 자리 잡았고, 남과는 다른 나만의 멋을 찾는 사람들이 늘어나고 있습니다.

나만의 스토리가 있는, 내 손으로 만든 결과물을 선호하고 의미 있는 과정을 거치면서 얻어지는 소중함을 공감하고 느끼는 사람들이 많아지면서 다양한 분야에서 관련 자료들이 소개되고 있습니다. 이번에 출간된 《종이 인테리어 소품》은 자기계발서의 개념을 뛰어넘는 인테리어 전문 서적으로써 창의적인 접근 방법이 돋보입니다. 사람들은 누구나 일상생활에서 대부분의 시간을 보내는 자신의 생활공간을 아름답게 꾸미고 싶어 합니다. 하지만 집안을 장식하는 일은 취미를 넘어 전문가적인 감각을 필요로 하는 일이기 때문에 도움도 있어야 하고 경제적으로나 시간적으로 선택의 폭이 넓어 고민하게 됩니다.

《종이 인테리어 소품》은 누구나 손쉽게 다가갈 수 있도록 화보 위주의 시각적 접근을 통해 새로운 호기심을 자극합니다. 적은 비용으로 개성 있는 나만의 인테리어를 완성할 수 있도록 도와주는 다양한 아이디어와 환경 친화적인 종이를 소재로, 가벼우면서도 무게감 있는 디자인, 독특하고 차별화된 시각으로 접근한 작업들을 소개합니다. 우리와 똑같은 일상을 느끼며 살고 있는 일반 주부이기도 하지만 오랜 시간 좋아하는 작업을 계속하다 보니 전문가가 되었다고 생각되는 세 분의 종이조형 전문가의 연구결과입니다. 올해로 28년째를 맞은 우리나라 종이문화예술의 리더로서 수많은 전문가를 양성하고 있는 사단법인 한국종이접기협회의 부설 연구기관인 한국종이문화원의 연구위원이기도 한 세 분이 소개하는 생활 속의 종이 인테리어 작업은 자연 소재로서의 종이의 편안함과 응용의 확장성, 손쉽게 다가갈 수 있는 친근함이 있습니다. 작가들은 무한한 상상력으로 교육적으로 활용되는 종이접기와 종이조형 작업을 예술적으로 표현하고 생활 속에 접목하여 사람과 공간에 어울리도록 재창조했습니다. 또한 도면 작업을 통해 누구나 쉽게 따라 할 수 있도록 안내하면서 각자의 아이디어를 보탤 수 있는 팁을 제시하고 있습니다. 한여름의 더위를 날려 보낼 시원한 발, 추운 겨울 거실을 따뜻하게 꾸며주는 조명, 사랑스런 아이의 방을 장식하는 갈란트 등 내가 만들어서 더 의미 있고 소중한 인테리어 소품으로 종이와 함께하는 생활 속의 행복한 일상을 만들어 가시기 바랍니다.

(사)한국종이접기협회

회장 오 경 해

작가의 말

종이라는 소재를 이용해서 다른 영역과 조화를 이룰 수 있는 나만의 개성 넘치는 핸드메이드 종이아트 작품을 만들고 싶다는 생각을 가지고 있었던 저에게 종이아트를 활용한 생활 인테리어 작품을 소개하는 책을 기획할 수 있는 기회가 주어지게 되어 너무도 즐거운 마음으로 작업할 수 있었습니다.

'종이 인테리어'를 통해서 추구하고 싶었던 것은 정형화된 틀에서 벗어나 개인의 감성과 디자인을 담아낼 수 있는 종이라는 소재의 활용법을 소개하고 싶었습니다. 또한 종이접기를 비롯한 다양한 종이공예 기법으로 자신의 생각을 온전히 담아내고 누구나 쉽고 간단하게 만들어 볼 수 있었으면 좋겠습니다.

이 책을 접하는 모든 이들이 실생활에서 자신만의 공간을 설계하고, 내 손으로 만든 종이 인테리어 소품으로 나만의 공간을 연출하는 데 도움이 될 수 있기를 기대해 봅니다.

김은주

2차원의 색지를 고이 접어 3차원 공간의 다양한 형상을 창조하는 것에 매료되어 종이접기를 시작한 지 어느덧 15년이란 시간이 흘렀습니다. 배움으로 오는 기쁨도 있지만 배운 것을 가르치는 기쁨은 이루 말할 수 없이 컸습니다. 알록달록 색종이로 종이를 접는 줄로만 알았었는데, 이젠 그 종이를 하나의 예술로 승화시켰습니다. 종이가 집안의 인테리어로 표현될 수 있는 시대가 왔다는 것입니다. (사)한국종이접기협회로부터 책 작업을 제안 받았을 때 가슴이 마구마구 뛰었습니다. 이번 작업을 통해 지난 15년을 다시 한 번 돌아볼 수 있는 기회가 되었고, 같이 작업한 선생님들과 종이세계의 새로운 모습을 보고 많이 배우게 되었습니다. 처음부터 끝까지 함께 고생하신 박상희 실장님, 부족한 점이 많은 저를 처음부터 믿고 끌어주신 오경해 회장님께 감사드립니다. 항상 무한 응원을 보내주고 조언을 아끼지 않는 사랑하는 가족과 부모님께 이 모든 기쁨과 고마움을 전하고 싶습니다.

방경희

누구나 특별히 소중히 여기는 물건들이 있을 것입니다. 저에게도 아주 특별하게 소중히 여기는 물건이 하나 있습니다. 작은 종이 한 장으로 만든 종이비행기 장난감입니다. 아이들이 "엄마! 최고"라고 외치면서 웃고 같이 놀던 종이비행기입니다. 저는 그런 우리 아이들을 위해 더 많은 걸 만들어 주고 싶어 종이접기를 시작했습니다. 종이 한 장을 정성껏 접고 자르고 붙이면 종이가 어느새 입체적으로 변신했고, 종이나 색상에 따라 무궁무진하게 변하는 과정을 지켜보는 즐거움은 종이접기를 하는 모든 이들이 알 것입니다. 그 매력 때문에 종이와 관련된 모든 것에 관심을 갖게 되었고, 꾸준히 배우면서 지금은 직접 내 손으로 예쁜 책을 만드는 북 아트를 하고 있습니다. 그러고 보니 11년 전 그 배움의 시작 '종이접기'는 저를 위한 행복이자 선물이었던 것입니다. 지금 또한 저는 그 행복과 선물을 다시 받은 것 같습니다. 그래서 지금껏 종이로 만든 작품의 모든 과정과 완성된 순간의 즐거움을 이 책과 함께하시는 분들과 나누고 싶습니다. 마지막으로 함께 기뻐해주고 힘이 되어준 나의 가족들에게 고마움을 전하고 싶습니다. 특히 나의 두 동생에게.

이정은

상상력이 피어나는 종이조형으로
북유럽풍 인테리어 공간을 꾸며요

종이가 감성을 만나 인테리어로 꽃을 피우면
나만의 예술성이 돋보이는 새로운 공간과
상상력을 피울 수 있는 세상을 만나게 됩니다.

형형색색의 도형들이 모여 바람에 흩날릴 때마다
동심은 마냥 춤을 추고,
훨훨 나는 나비는 집안 분위기를 봄 향기로 가득 풍기며,
이리 접고, 저리 접은 종이로 화분에 옷을 입힙니다.
두 개의 색이 하나의 문양으로 만들어지고
집안을 북유럽풍으로 표현할 수 있는 종이조형으로
나만의 인테리어 공간을 만들어 보는 건 어떨까요?

작가 창작 리스트 방경희

나비 모빌 / 플리츠 종이 화분 / 체스 문양 종이타일 / 칠각 스탠드 조명 / 다각형 입체 모빌

당신의 곁에
행복 정원을 가꿔요

우리는 숨통을 트이게 해주면서
즐거움과 편안함을 주는 공간을 갖고 싶어 합니다.
그 공간엔 보는 것만으로도 행복해지는
물건과 향기와 색으로 채우고 싶습니다.

나만의 행복한 정원이 바로 그런 곳입니다.

그러나 도심 속의 정원은 너무 과한 욕심이 아닐까요?
그렇다면 나만의 도심 정원을 만들어 보는 것은 어떨까요?

살며시 눈을 감고 상상해 보세요.
나무, 꽃, 풀잎, 태양 그리고 그들을 흔드는 바람.
생각만 해도 행복하고 향이 납니다.

바람에 춤을 추는 나뭇잎과 수줍어하는 꽃잎.
그들이 모여 원을 그리며 행복하다고 말하고 있습니다.
종이로 만드는 나만의 정원을 만들어 보는 것은 어떨까요?

작가 창작 리스트 이정은

눈꽃 송이 가리개 / 고래 벽장식 / 꽃 갈란트 / 내추럴 리스 / 작은 집 연결 조명

종이의 매력이 물씬 풍기는
마법 같은 공간이 탄생합니다

종이라는 소재의 따뜻함으로 접하게 되었던 작품들에
인테리어라는 새로운 공간과 조형미를 접목하게 되었습니다.

유니트 종이접기를 통한 상상의 세계는
조명과의 콜라보로 종이조형의 매력이 한층 돋보입니다.

여러 번 접은 종이조형으로 하나하나를 서로 연결하면서
한 개의 작품으로 완성되는 다양한 인테리어 소품.

유니트 조명과 조형적인 벽장식들은
마법을 부리듯 새로운 집안 분위기로 만족감을 주었고,
종이의 가벼움과 논리적인 방법으로 완성된 디테일한 디자인과
마법을 부린 듯 감각적인 선과 유연함, 조형미가 돋보이는 소품으로
나만의 색다른 공간을 연출했습니다.

종이의 문화와 감성이 가득한 나만의 인테리어 공간은
집안 분위기를 한층 아늑하게 만들어 줄 것입니다.

작가 창작 리스트 김은주

유니트 조명 / 연필꽂이 / 꽃무늬 벽장식 / 벌집 모양 벽장식 / 연꽃 바구니

한 장 한 장 종이로 꾸미는 인테리어 공간

유니트 조명

HOW TO * 82P

유니트 종이접기의
화사하고 세련된 조명으로
품격 있는 거실 공간을 만들어줘요.

30유니트

12유니트

두성종이 엔젤클로스 버크럼 KEN 115 : 115g, 118 : 125g

나비 모빌
HOW TO * 86P

집안을 훨훨 날아다닐 것 같은
예쁜 나비 모빌을 만들어
상큼한 분위기를 연출해요.

FEEL THE MIST

연필꽂이

HOW TO * 90P

다각형의 유니크한 연필꽂이를
책상 위나 집안의 작은 여백에 놓고
멋스러운 장식으로 꾸며 봐요.

(좌)부록 용지 : 연필꽂이 / (좌, 우)두성종이 씨엘칼라 35, 36 : 140g

(좌. 우)두성종이 씨엘칼라 19, 20 : 140g / (좌)부록 용지 : 연필꽂이

플리츠 종이 화분

HOW TO * 94P

파스텔 색감의 종이로
다양한 종이 화분을 만들면
집안 곳곳에 초록내음이 가득해요.

(좌, 우)두성종이 레자크 58, 62 : 203g

체스 문양 종이타일

HOW TO * 98P

체스 문양의 반복된 패턴 소품으로 테이블을 정리해
깔끔하고 이국적인 북유럽 스타일로
분위기를 새롭게 바꿔 봐요.

(좌, 우)두성종이 엔젤클로스 윌로우트위그 KEV V04, V10 : 110g, 흑기사 블랙 700g

꽃무늬 벽장식

HOW TO * 102P

종이의 질감을 살린
단아한 꽃 문양 패턴의 벽장식으로
다양한 인테리어 포인트를 만들어 봐요.

두성종이 돌무늬지 01 : 116g

눈꽃 송이 가리개

HOW TO * 106P

거실에 하늘하늘 눈꽃이 날리듯
예쁜 종이꽃 가리개로 연출해요.
계절마다 색상을 바꿔 나만의 색다른 공간을 만들어요.

두성종이 디자이너스칼라 P50, H72, L67, L69, L71, L73 : 116g

칠각 스탠드 조명

HOW TO * 110P

칠각 면에 표현되는 종이의 아름다움이
은은한 조명 속에 더욱 빛이 나
단아한 분위기를 연출할 수 있어요.

(좌, 우)두성종이 팬시훌 F 디자이너스칼라 DC01 : 116g

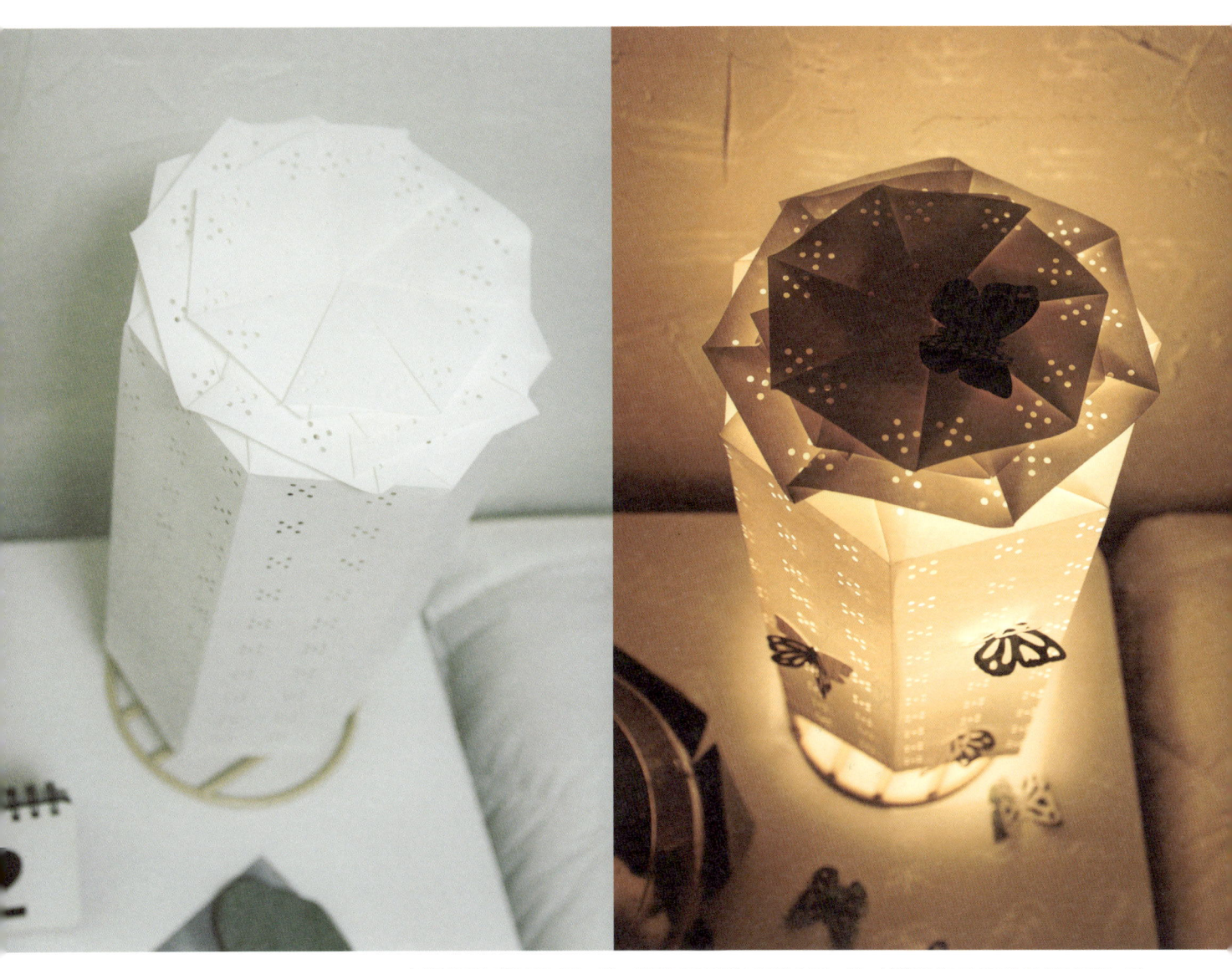

(좌)두성종이 타탄 905, 919 : 116g, 팬시홀 F 디자이너스칼라 DC01 : 116g / (우)팬시홀 F 디자이너스칼라 DC01 : 116g

벌집 모양 벽장식

HOW TO * 114P

벌집 모양 상자를 만들어
다양한 소품과 함께 장식하면
밋밋한 벽면에 생동감을 줘요.

두성종이 뉴크라프트보드 175g

다각형 입체 모빌

HOW TO * 118P

다양한 크기와 색깔의 도형들을 만들어
상상력을 키울 수 있는
멋진 입체 모빌을 만들어 봐요.

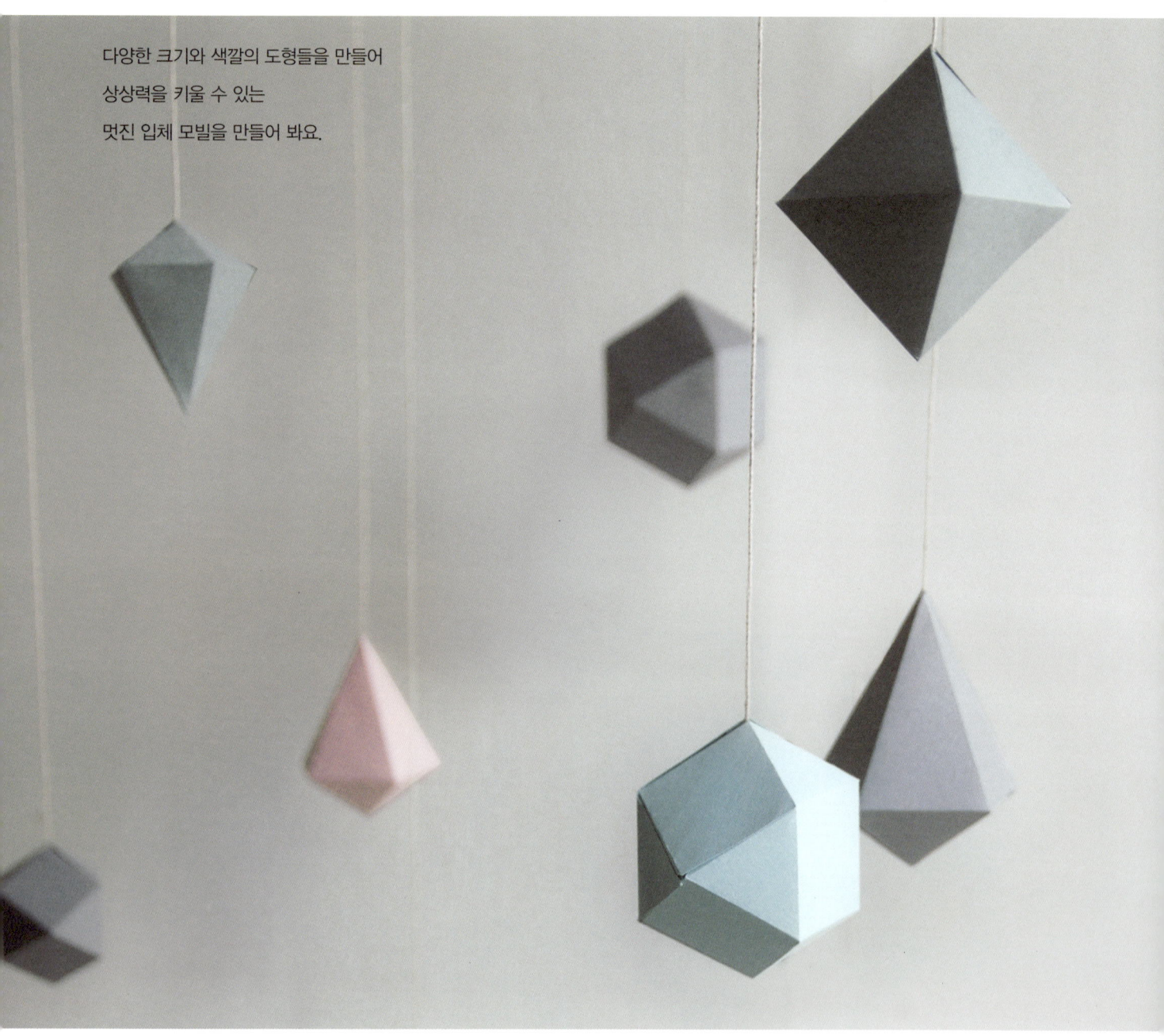

두성종이 엔티랏샤 024, 144, 149 : 244g, 034, 091, 144, 148 : 116g

고래 벽장식

HOW TO * 124P

귀여운 고래가 집안으로 들어왔어요.
고래 모양 벽장식을 만들어
멋진 바다 풍경을 상상해 봐요.

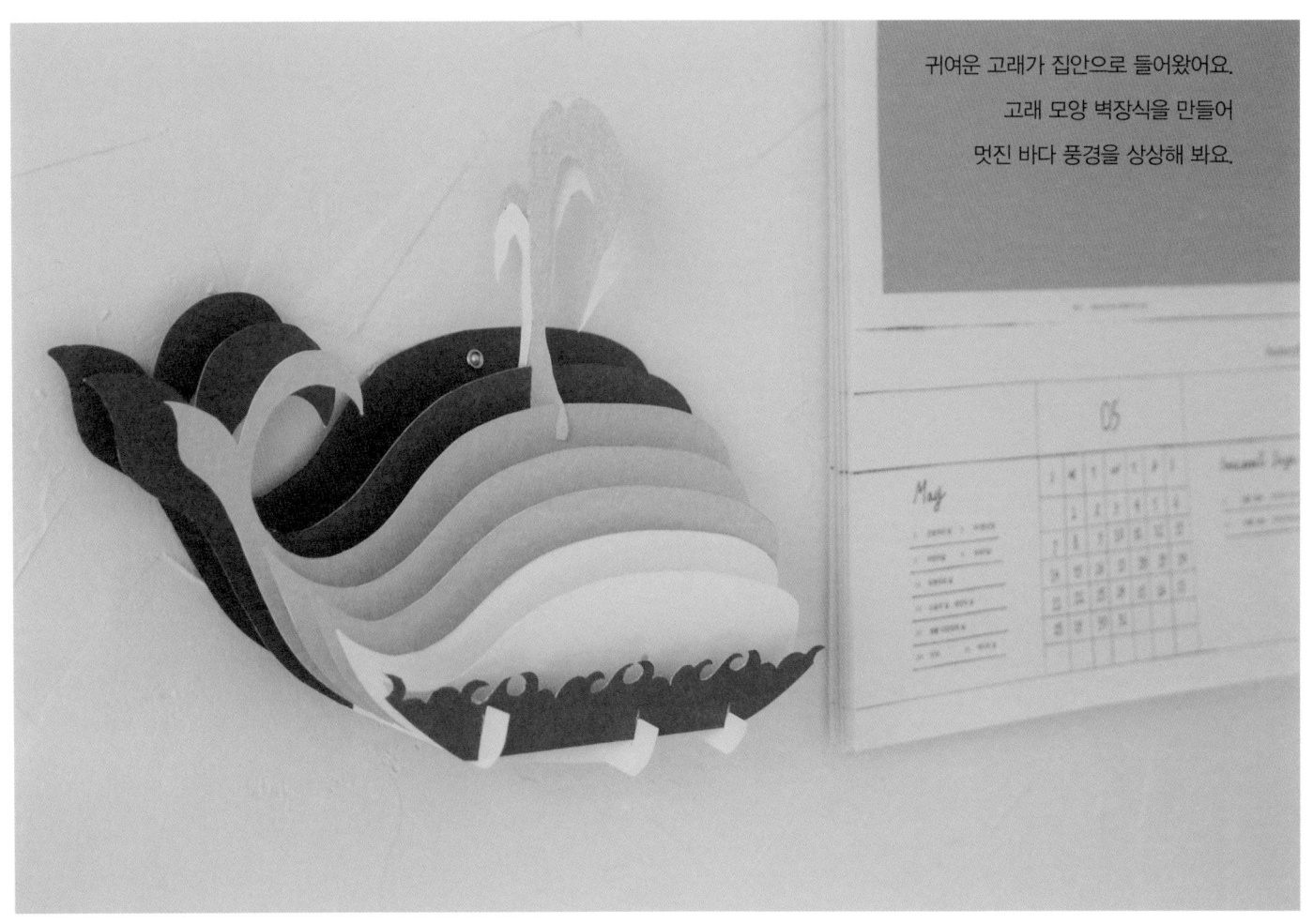

연꽃 바구니

HOW TO * 132P

차분한 색상의 종이 꽃잎을 모아
북유럽 스타일 물씬 풍기는
모던한 바구니를 만들어 봐요.

(좌)두성종이 엔젤클로스 버크럼 KEN 104 : 115g, 플랙스위브 110 : 112g / (우)엔젤클로스 버크럼 KEN 105 : 115g

(좌)두성종이 플랙스위브 104, 109, 110 : 112g / (우)엔젤클로스 버크럼 KEN 105 : 115g

꽃 갈란트

HOW TO *136P

부드러운 촉감의 종이를 오려서
숲속을 연상시키는 DIY 갈란트를 만들어요.
벽이나 창가에 매달아 자연 느낌을 연출해 봐요.

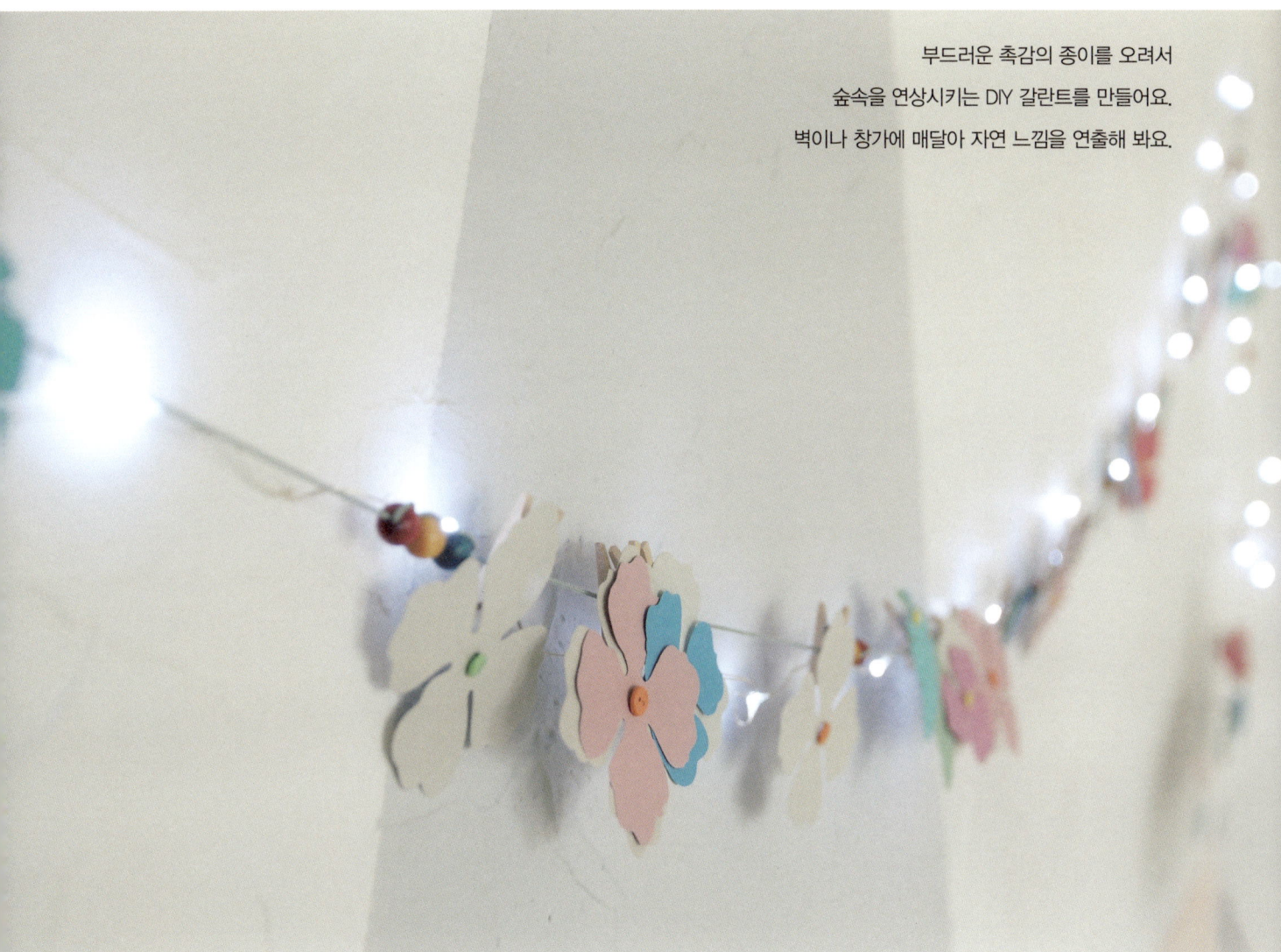

두성종이 칼라머메이드 33, 60, 84, 87, 88, 91 : 178g, 뉴칼라 17 : 128g

내추럴 리스

HOW TO * 140P

시들지 않는 초록빛 종이 리스는
집안 분위기에 포인트가 되어 줘요.
핫 아이템인 그린 인테리어를 연출해 봐요.

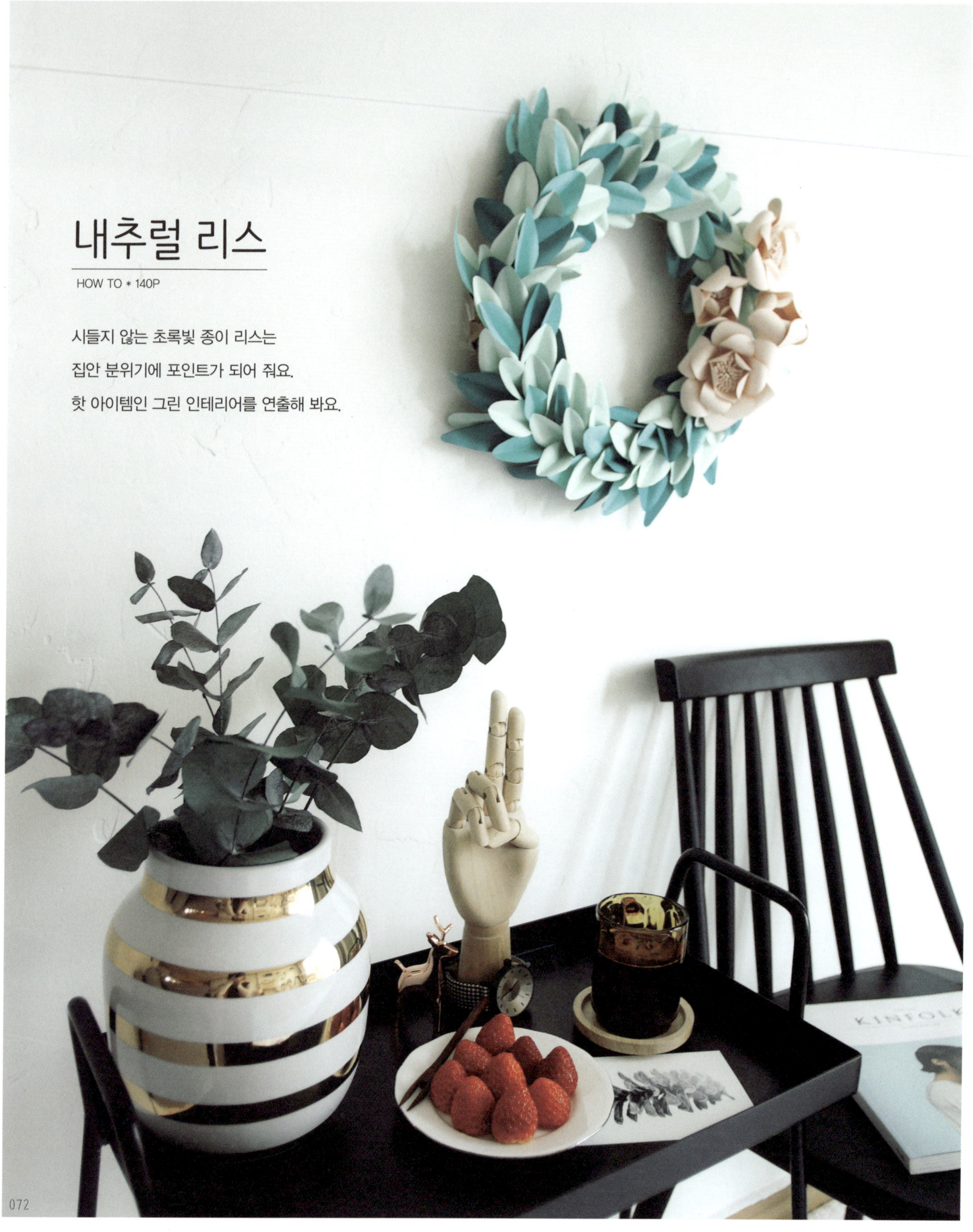

072

두성종이 디자이너스칼라 P66, P67, L66, N66 : 116g, 마로니에 07 : 116g, 뉴크라프트보드 300g

작은 집 연결 조명

HOW TO * 144P

방울방울 귀엽게 매달린 작은 집 조명,
볼수록 사랑스러운 완소 아이템으로 계절에 상관없이
다양한 집안 분위기를 연출할 수 있어요.

(좌, 우)두성종이 팬시홀 Q 엔티랏샤 032 : 151g, 팬시홀 F 디자이너스칼라 DC02 : 116g
(좌)디자이너스칼라 L73, P60, P66, P67, P70 : 116g / (우)뉴칼라 18, 20, 24, 32, 42 : 128g, 지붕 : 포장지

HOW TO

유니트 도면

- 앞의 화보 20P의 유니트 조명은 도면의 100% 사이즈로 90장(완성 크기 29cm 정도), 22P의 중간 조명은 30장(완성 크기 17cm 정도), 작은 조명은 12장 필요(완성 크기 10cm 정도).

- **유니트 종이접기** '유니트(unit)'란 '하나' 또는 '단위'를 표시하는 말로
  같은 모양의 '유니트' 여러 개를 접어서 조립 또는 짜 맞추어 원하는 모양을 만드는 것.

유니트 조명

PICTORIAL PAGE * 20P

재료

종이 재료 엔젤클로스 버크럼 KEN 118 : 125g, 4절 15장(20P 90장 기준)

기타 재료 칼, 자, 전구, 양면테이프, 글루건

01

화살표 방향대로 접었다 펴요.

02

중심에 맞춰 접어요.

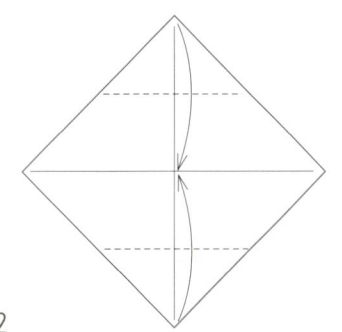

03

중심선에 맞춰 접어요.

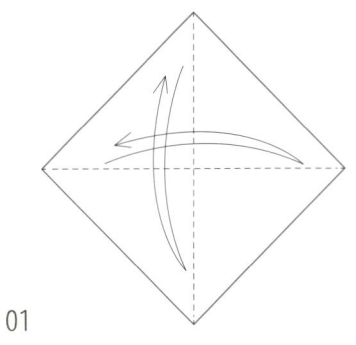

04

화살표 방향으로 접어요.

05

화살표 방향으로 접어 안쪽으로 끼워 넣어요.

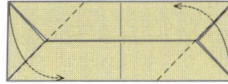

06

○와 ○를 맞춰 접어요.

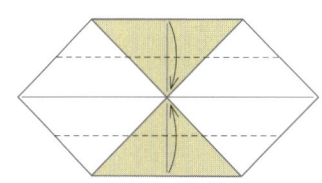

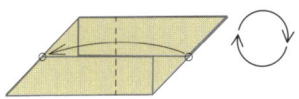

07

앞장과 뒷장을 화살표 방향으로 접어요.

08

유니트 1개 완성.
같은 방법으로 89장 더 접어요.

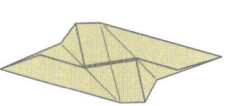

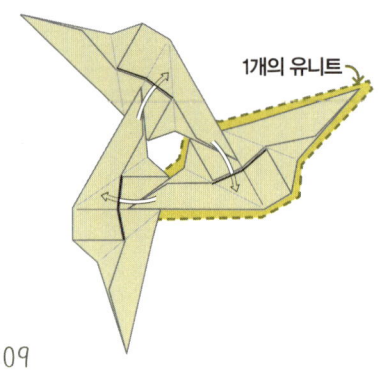

09

같은 모양 유니트 3장을 화살표 방향으로
끼워 붙여요.

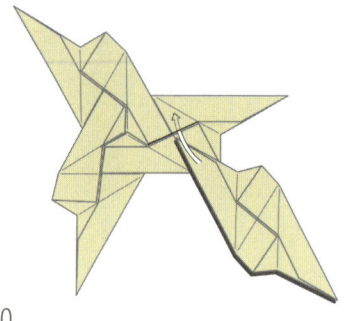

10

다른 1장을 연결하면서 삼각뿔 모양을
만들어요.

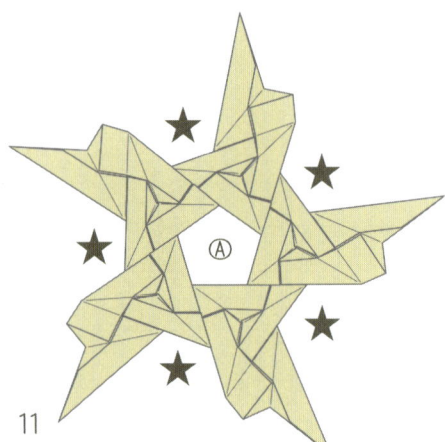

11

유니트 10장으로 삼각뿔 모양 5개(가운데
오각형 Ⓐ)를 만들어요.

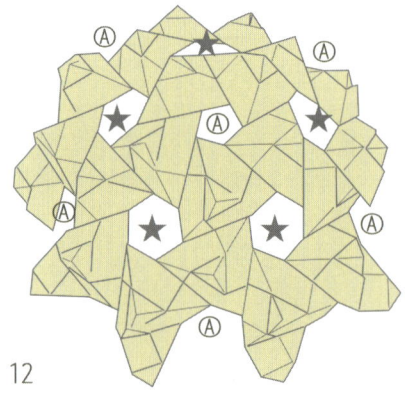

12

완성된 11번과 같이 오각형 Ⓐ를 중심으로 육
각형(★)이 5개 만들어지게 연결, 나머지도
같은 방법으로 연결해요.

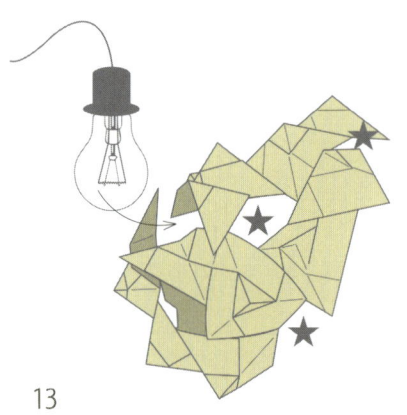

13

마지막 3장 조립 전에 전구를 끼워 완성해요.

PICTORIAL PAGE * 22P

PICTORIAL PAGE * 22P

유니트 30, 12 조명

유니트 30장 또는 12장으로 조명을 만들어 볼 수 있어요. 90장의 큰 조명이 어렵다면 작은 조명부터 만들어 봐요. 유니트 만드는 종이(도면) 크기에 따라 다양한 사이즈의 조명을 만들 수 있어요.

재료

종이 재료 엔젤클로스 버크럼 KEN 115 : 115g, 118 : 125g, 4절 5장(22P 30장 기준), 4절 2장(22P 12장 기준)

기타 재료 칼, 자, 전구, 양면테이프, 글루건

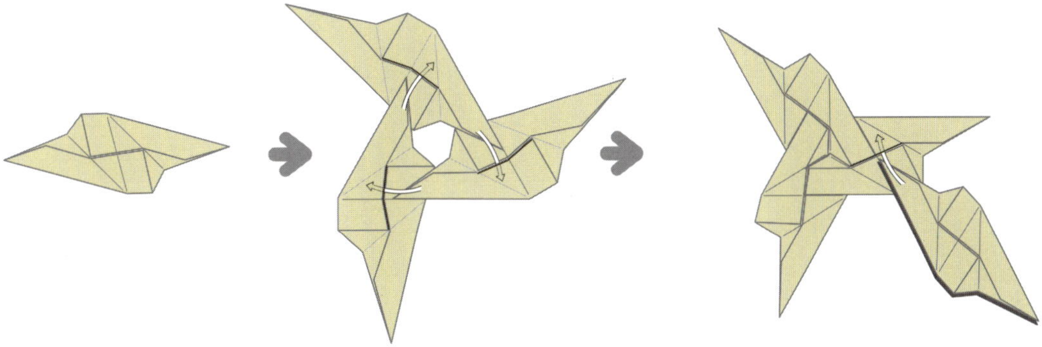

중간 조명은 유니트 30장을 접은 후 삼각뿔 모양 5개(가운데 오각형이 6개 나오도록)가 만들어지게 연결하고, 마지막 3장 조립 전에 전구를 끼워 완성해요. 작은 조명은 유니트 12장으로 삼각뿔 모양 4개(가운데 사각형이 6개 나오도록)를 만들어 연결해요.

나비 도면

• 앞의 화보 24P 나비 모빌은 도면 100% 사이즈로 작은 나비 48세트(96개), 중간 나비 8세트(16개), 큰 나비 4세트(8개)가 필요.

나비 모빌

PICTORIAL PAGE * 24P

재료

종이 재료 16절 5장(부록 패턴지 4장 : 작은 나비 48세트, 중간 나비 8세트, 큰 나비 4세트)

기타 재료 칼, 자, 커팅 매트, 풀, 양면테이프, 모빌틀용 와이어, 면사

01 만들고자 하는 나비 개수만큼 도안을 복사해 도안 1장과 패턴지 1장을 스카치테이프로 붙여 나비 속 부분부터 칼로 도려내요.

02 나비 속을 칼로 다 도려낸 후 나비 테두리를 가위로 오려요.

03

02에서 오린 나비와 테두리만 오린 나비로 1개 세트를 준비해요.

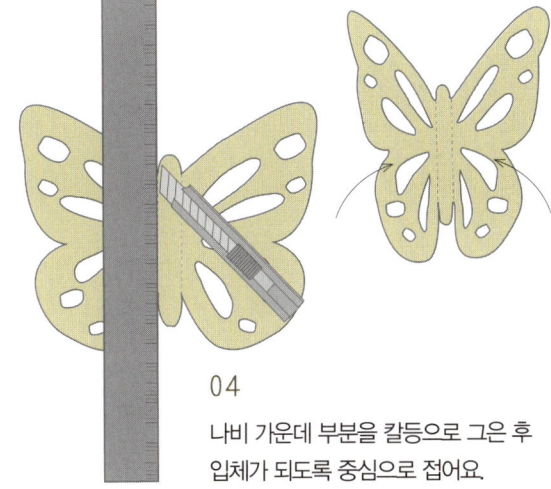

04

나비 가운데 부분을 칼등으로 그은 후 입체가 되도록 중심으로 접어요.

05

빗금 쳐진 가운데 부분만 풀칠해 붙여 입체
모양을 만들어요(여러 개 만들어 놓아요).

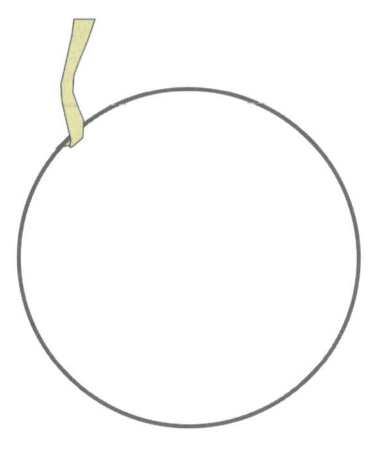

06

와이어로 원을 만든 후 테이프를 붙여서 고정해요.
(원을 만들 때 둥근 틀을 이용하면 좋아요).

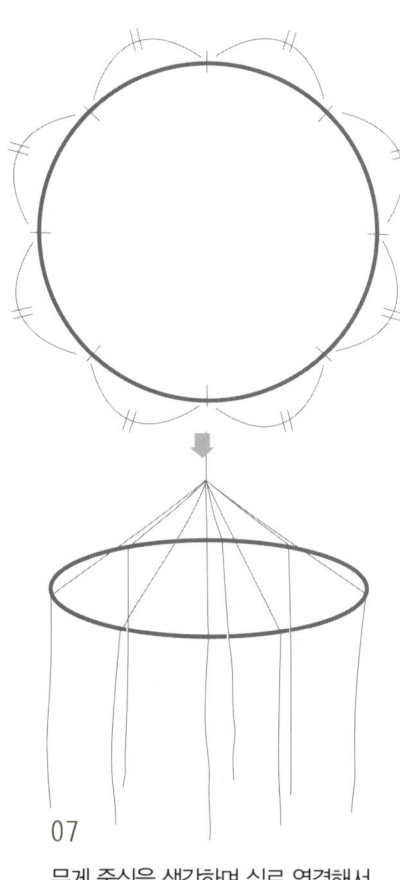

07

무게 중심을 생각하며 실로 연결해서
모빌틀을 만들어요.

08

실을 중심에 두고 05의 나비 2개를
맞붙여서 1개의 나비를 완성해요.

09

완성된 나비들의 무게를 생각해
중간중간 붙여 완성해요.

PICTORIAL PAGE * 27P

PICTORIAL PAGE * 51P

자석

나비 장식 활용

나비 장식을 소소한 액세서리 소품으로 활용하고 싶다면 51P의 스탠드 위에 장식처럼 붙여도 좋고, 창에 붙여 장식을 해도 좋아요.

나비 뒷면에 자석을 붙여 냉장고 자석이나 메모판 자석으로 활용할 수도 있어요, 하나의 나비 모빌 아이템으로 다양한 인테리어 포인트를 꾸며 보는 건 어떨까요?

연필꽂이 도면

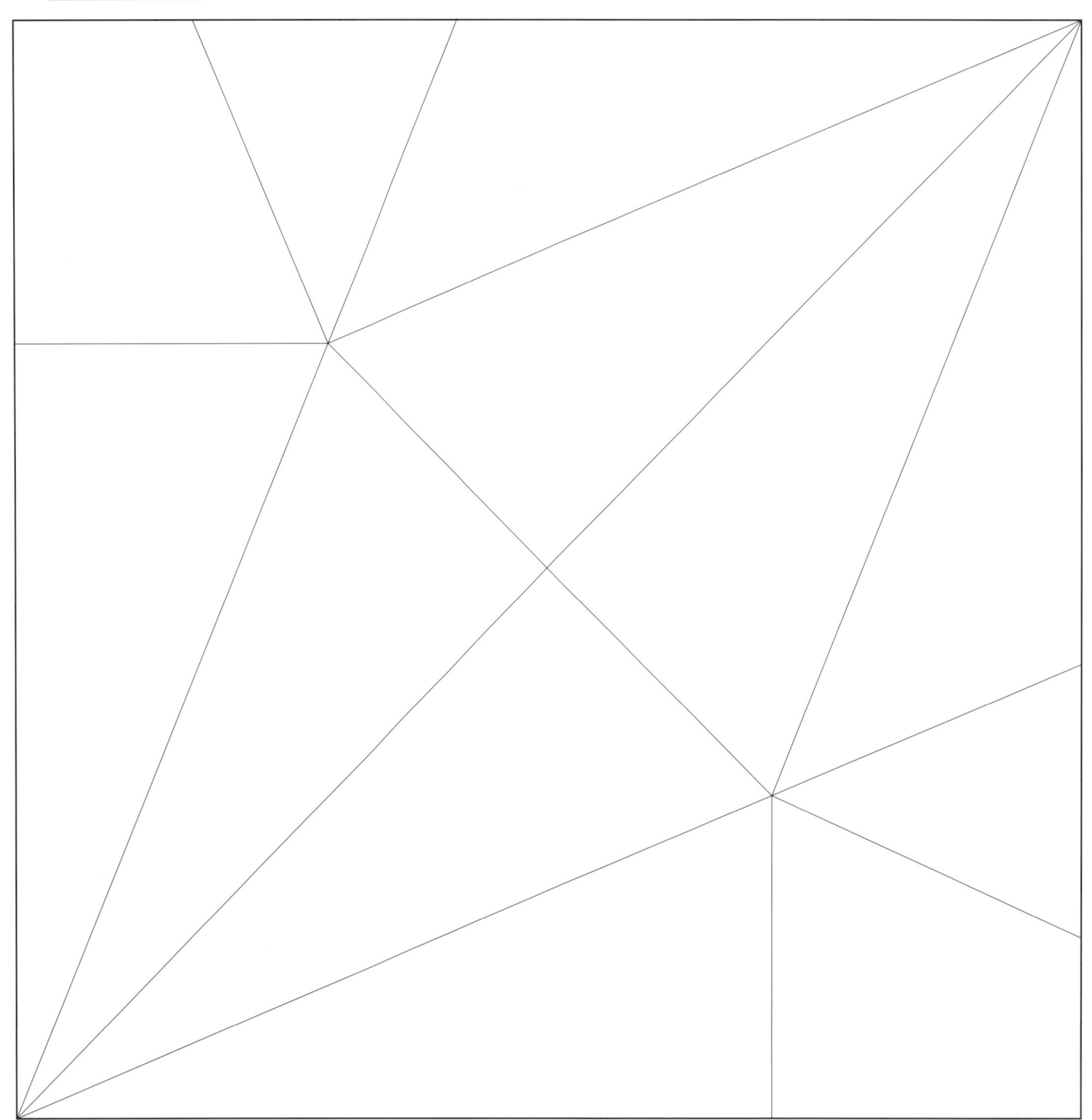

• 앞의 화보 28P 연필꽂이는 도면 100% 사이즈로 1세트에 3장 필요.

연필꽂이

PICTORIAL PAGE * 28P

재료

종이 재료 씨엘칼라 35, 36 : 140g, 4절 각 1장(28P 기준, 부록 패턴지 3장)

기타 재료 칼, 자, 풀, 양면테이프

• 도면 사이즈 종이 3장이 연필꽂이 1세트.
  몇 개의 연필꽂이를 만들어 활용할지를
  정하고 종이를 여유 있게 준비해요.

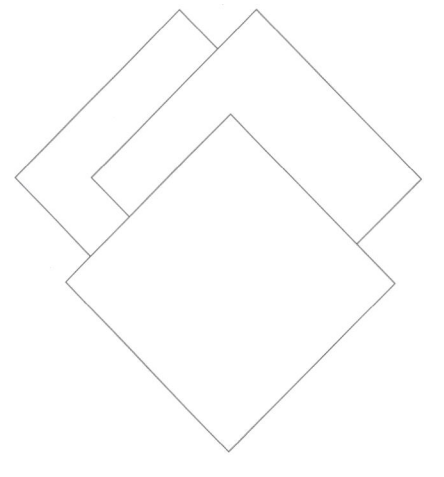

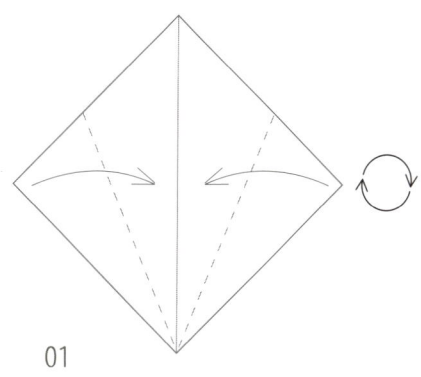

01

중심선에 맞춰 접고 돌려요.

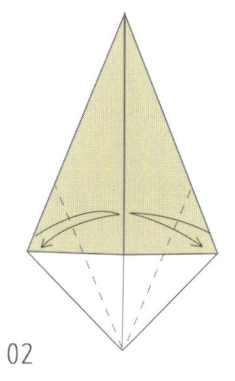

02

중심선에 맞춰 접었다 펴요.

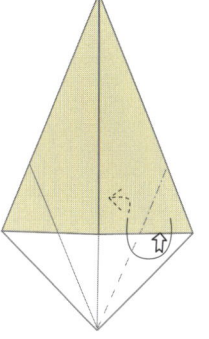

03

화살표 방향대로 펼쳐 눌러 접어 04와
같은 모양으로 만들어요.

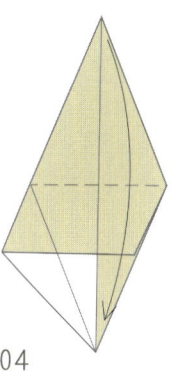

04

화살표 방향대로 접어요.

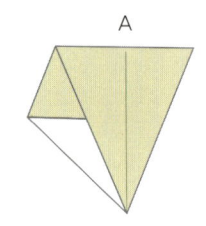

05

중심면(A형) 1개가 완성돼요.

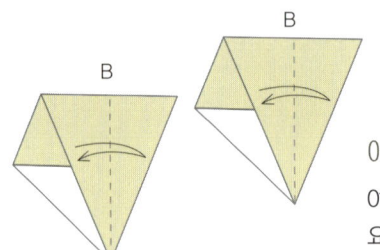

06

01~05까지 접은 후 선대로 접었다 펴요. 같은 방법으로 1개를 더 만들어요 (B형 2개가 필요해요).

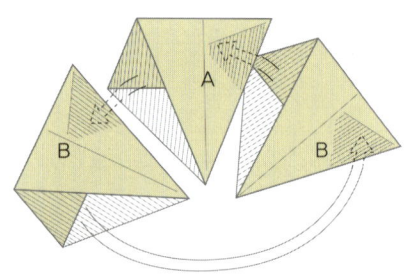

07

05~06까지 만든 3개를 펼쳐 놓고, 삼각형 부분을 풀칠해 화살표 방향대로 끼워 붙여요(가운데 삼각형에 맞춰 넣어줘요).

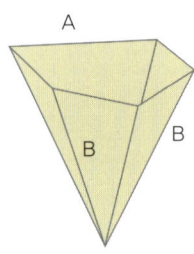

08

연필꽂이 기본형 완성.

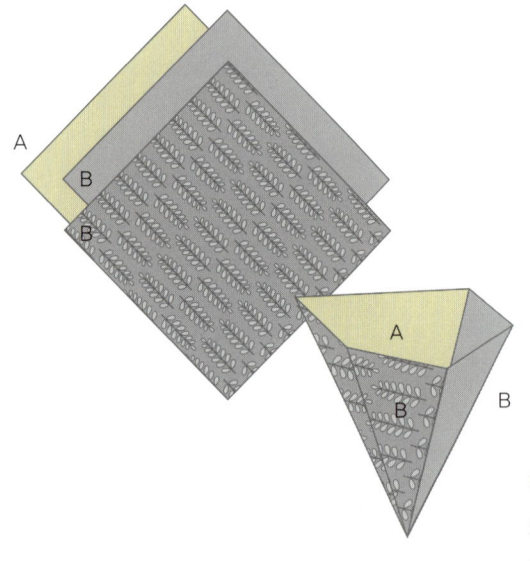

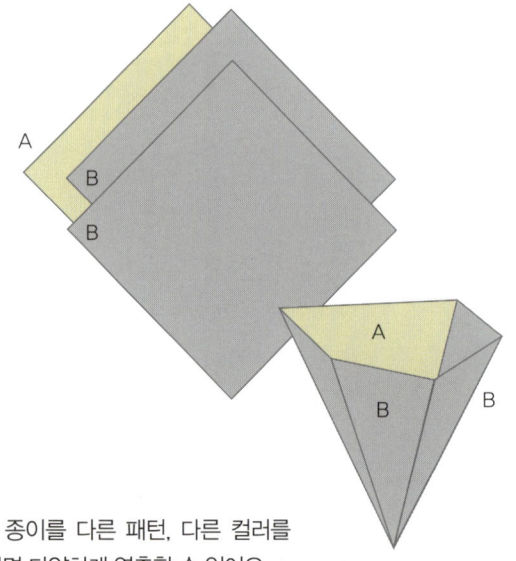

09

3장의 종이를 다른 패턴, 다른 컬러를 활용하면 다양하게 연출할 수 있어요.

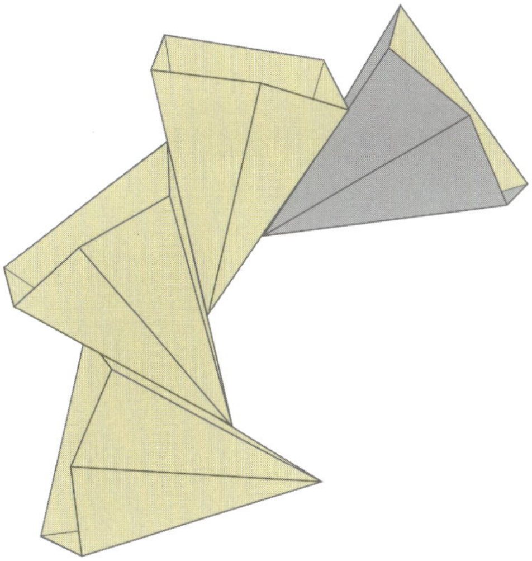

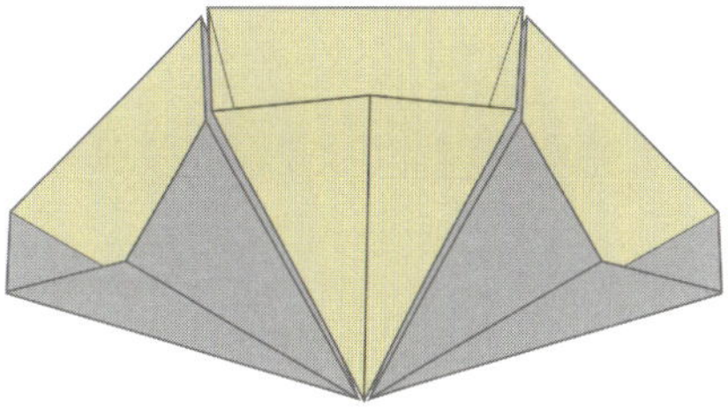

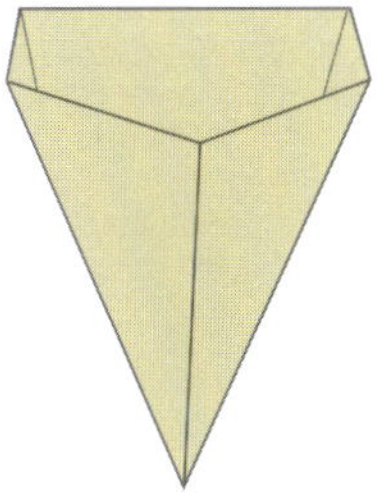

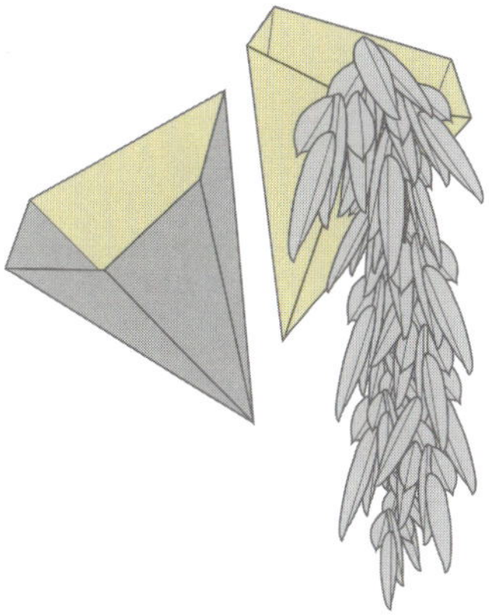

10

연필꽂이 기본형을 여러 개 만들어 다양하게 연출할 수 있어요. 연필을 꽂을 수도 있고 미니 종이 화분으로도 사용할 수 있어요.

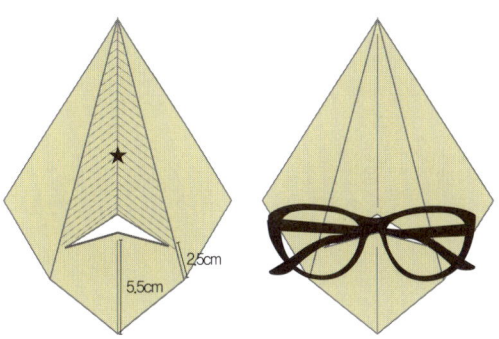

2.5cm

5.5cm

하나 더!!

안경걸이

연필꽂이 기본형을 돌려놓은 후 표시 선에 칼 선을 내어 ★를 눌러주면 안경을 걸칠 수 있어요.

플리츠 종이 화분 도면

- 앞의 화보 32P 플리츠 종이 화분은 본 도면을 300% 확대한
  사이즈가 필요. 큰 화분(완성 둘레 65cm 정도)이며, 작은 화
  분은 210% 확대한 사이즈.

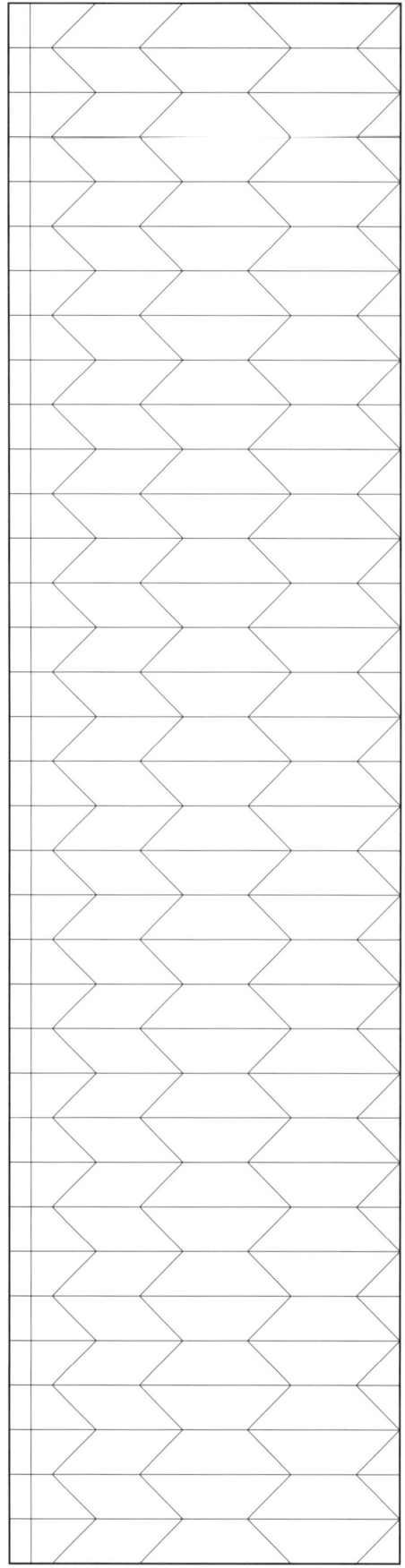

플리츠 종이 화분

PICTORIAL PAGE * 32P

재료

종이 재료 레자크 58 : 203g, 2절 1장(34P 큰 화분 기준)

기타 재료 칼, 자, 커팅 매트, 양면테이프

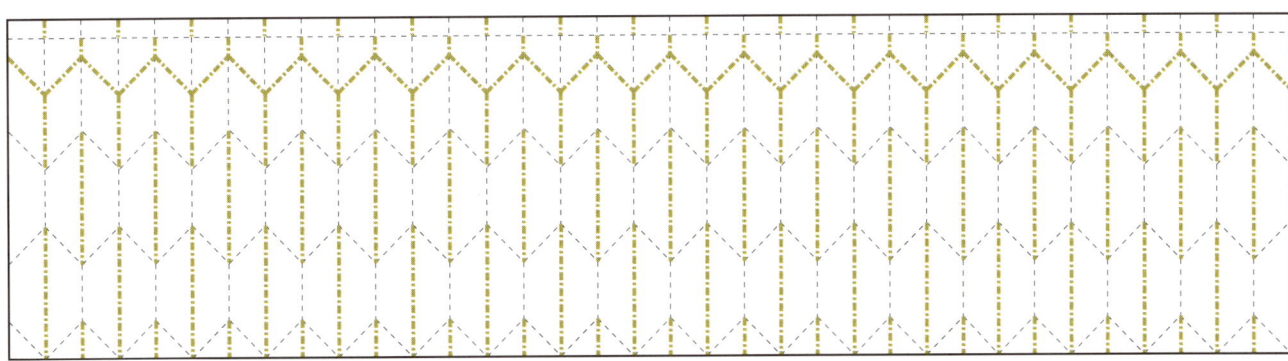

• 큰 화분을 만들기 위해 왼쪽 도면을 300% 확대(대략 18×70cm, 완성 둘레 65cm)해 ▪━▪━▪━▪━▪ 산선(밖으로 접기)과 ━ ━ ━ ━ ━ ━ 골선(안으로 접기)
자리에 칼 선을 그어 주어요.

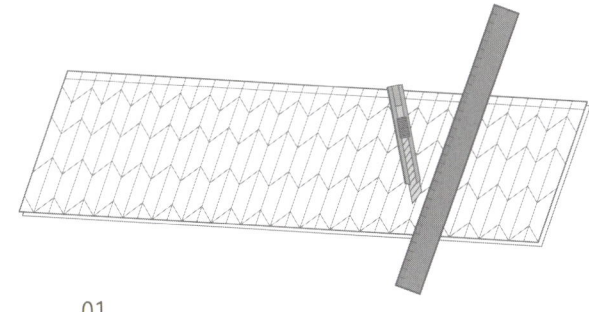

01

확대한 도면을 종이 뒷면 위에 대고 칼등으로
선을 표시해요.

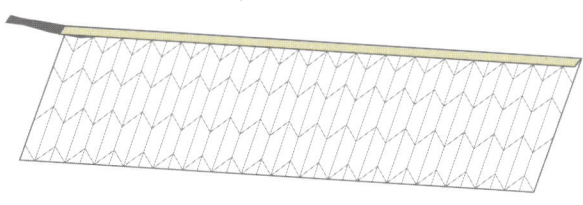

02

윗부분 1cm에 양면테이프를 붙여 앞으로
접어요.

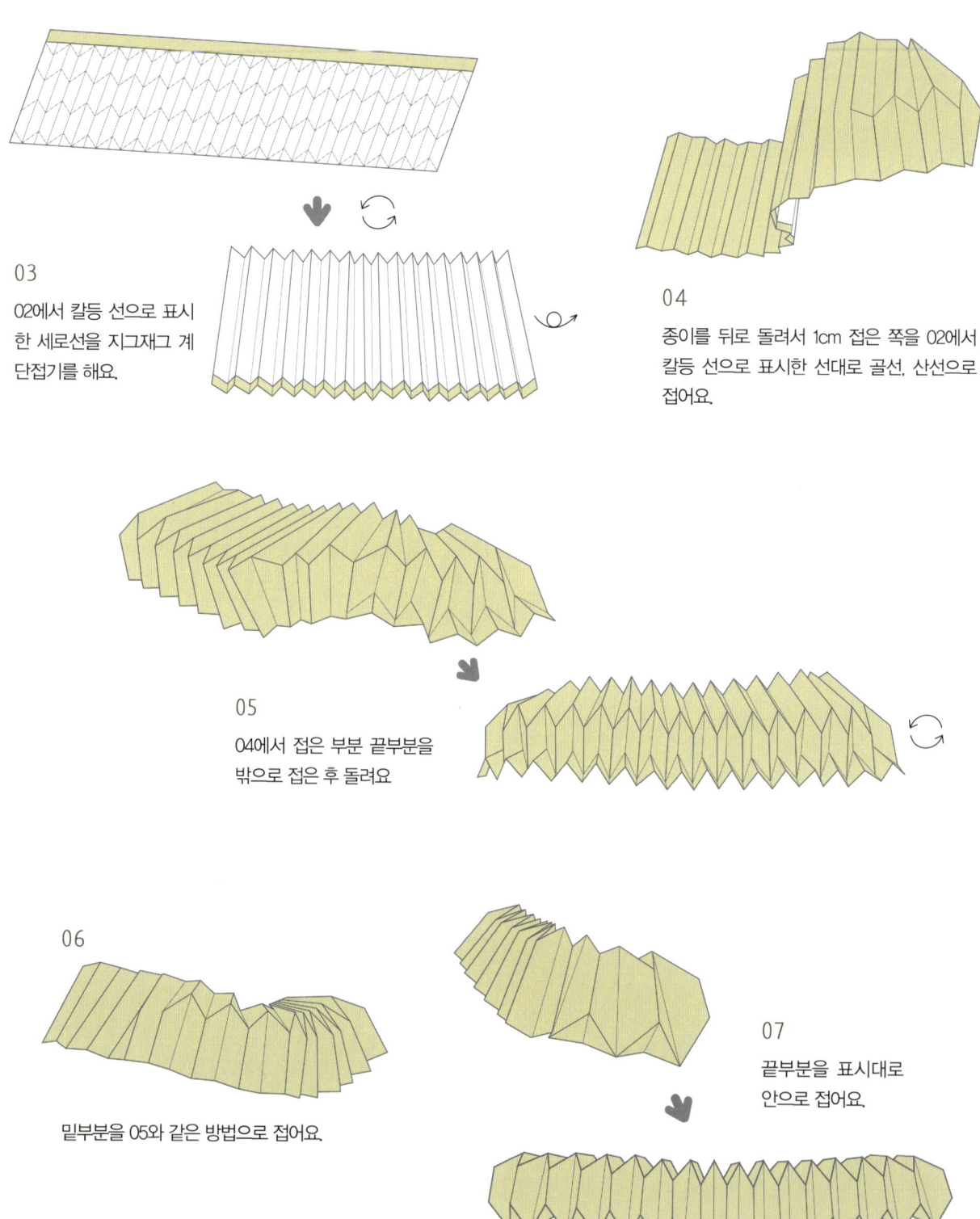

03

02에서 칼등 선으로 표시
한 세로선을 지그재그 계
단접기를 해요.

04

종이를 뒤로 돌려서 1cm 접은 쪽을 02에서
칼등 선으로 표시한 선대로 골선, 산선으로
접어요.

05

04에서 접은 부분 끝부분을
밖으로 접은 후 돌려요

06

밑부분을 05와 같은 방법으로 접어요.

07

끝부분을 표시대로
안으로 접어요.

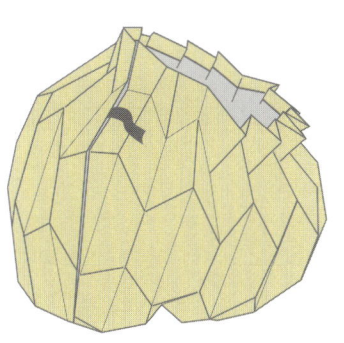

08

접은 종이를 둥근 모양으로 만든 후
끝부분을 양면테이프로 붙여요.

09

완성된 모양을 화분에 끼
워 종이 화분으로 활용해
요(화분 모양이나 취향에
따라 위아래를 뒤집어서
사용할 수 있어요).

PICTORIAL PAGE · 35P

하나 더!!

작은 플리츠 종이 화분

화보 35P 작은 플리츠 종이 화분은 대략 48×13cm로 앞의 도면을
210% 확대해 만들 수 있어요. 도면을 여러 사이즈로 확대해서 다양한
종류와 색상의 종이로 플리츠 종이 화분을 만들어 봐요.

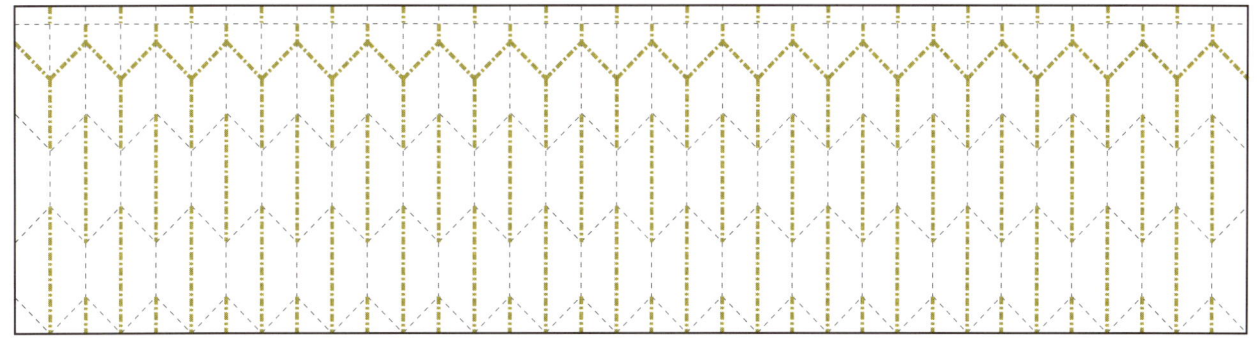

▬·▬·▬·▬ 산선(밖으로 접기)과 ─ ─ ─ ─ ─ 골선(안으로 접기)

체스 문양 1개 도면

문양 A

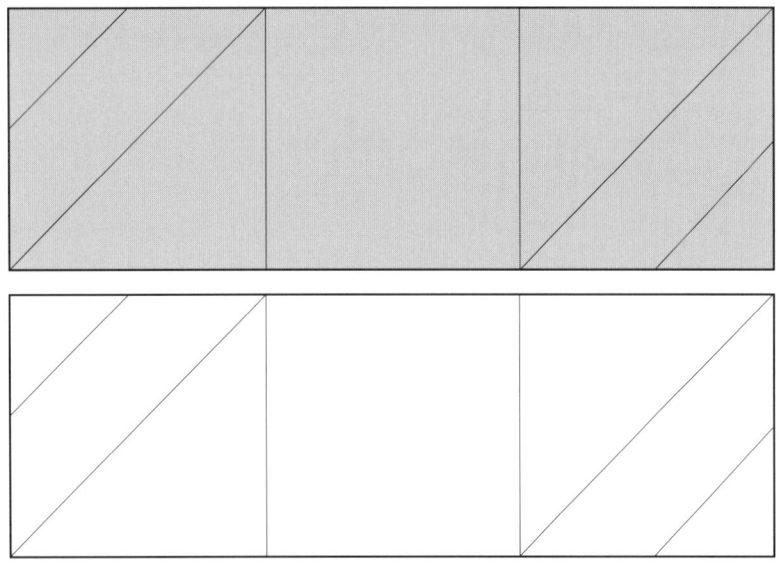

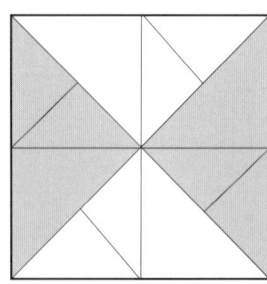

체스 문양 조립 완성형

문양 B

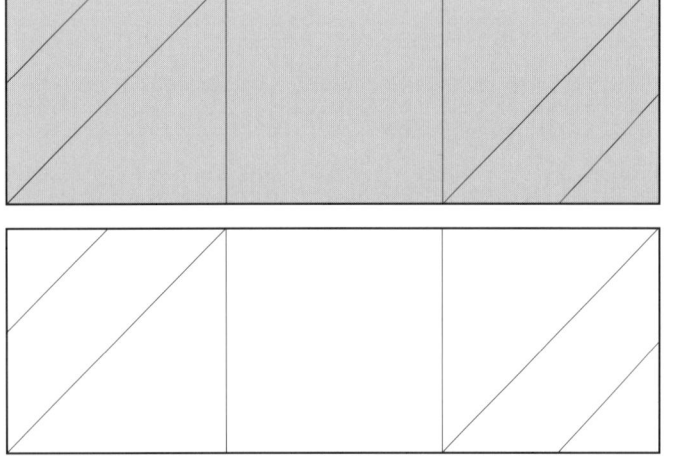

문양 C

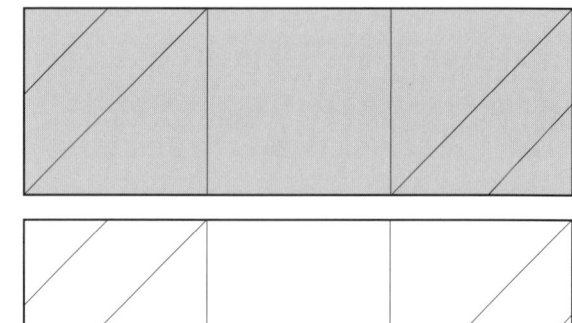

문양 D

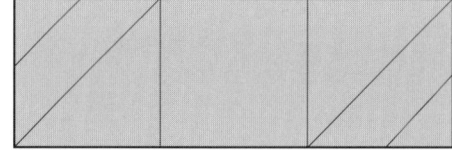

- 본 도면은 100% 사이즈로 체스 문양 1개를 만들기 위한 2개 1세트이며, 문양 A, B, C, D 사이즈별 세트 도면.
- 앞의 화보 38P의 연필꽂이는 문양 A 24장, 37P의 사진 액자는 문양 B 4장, 문양 D 4장, 38P의 정리 상자는 문양 C 20장, 38P의 메모지 상자는 문양 C 14장이 필요.

체스 문양 종이타일

PICTORIAL PAGE * 36P

재료

종이 재료 엔젤클로스 윌로우트위그 KEV V04, V10 : 110g, 8절 각 1장(36P 연필꽂이 기준)

기타 재료 칼, 자, 커팅 매트, 양면테이프

01

한쪽을 밑변에 맞춰 앞으로 접어요.

02

접힌 부분을 뒤로 접은 후 뒤집어요.

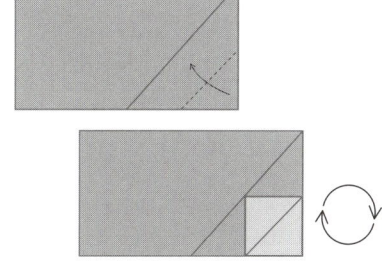

03

끝부분을 반 접어 올려요.

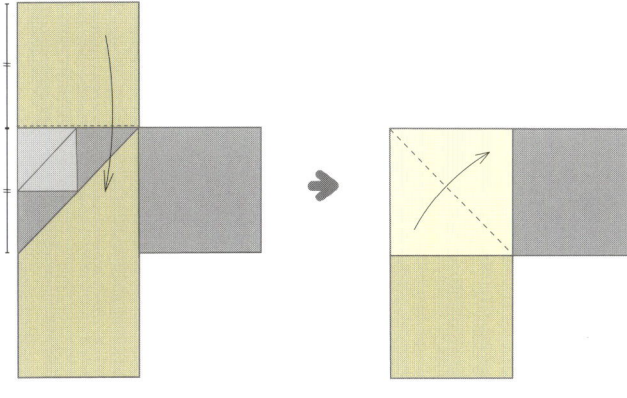

04

다른 종이를 끼운 후 윗부분을 접고, 접은
부분을 대각선으로 접어 올려요.

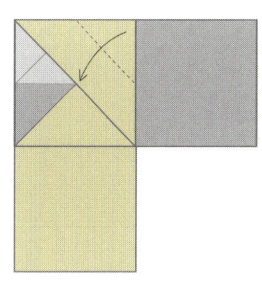

05

올린 부분의 끝을 반 접어 내려요.

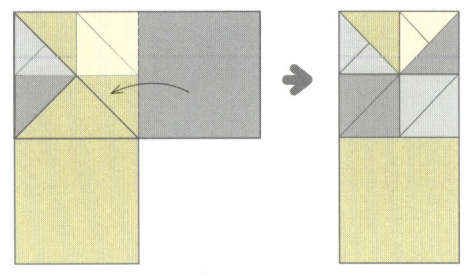

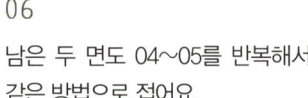

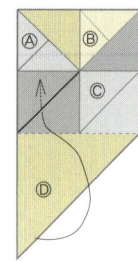

06
남은 두 면도 04~05를 반복해서
같은 방법으로 접어요.

07
Ⓓ의 끝부분을 Ⓐ 속으로 넣어 줘요.

08
1개 완성. 북유럽풍의 체스 문양
으로 다양한 인테리어 소품을 만
들어 봐요.

TIP

PICTORIAL PAGE ✳ 37P

사진 액자

재료

종이 재료 문양 B 4장,
문양 D 4장, 흑기사 블랙 700g
20×15cm 2장, 17×5cm 1장

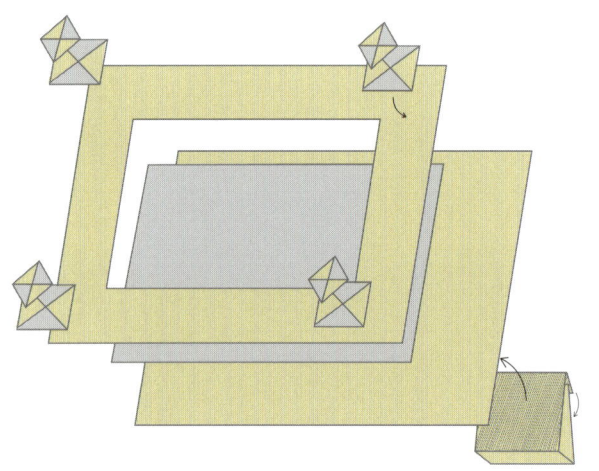

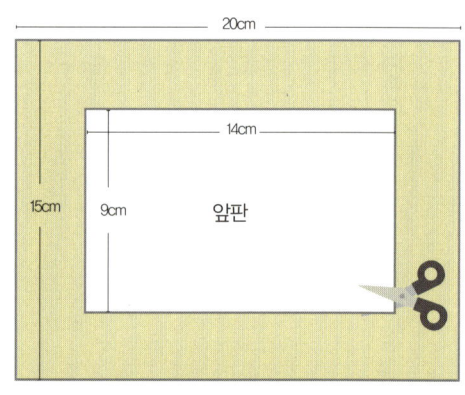

20cm
14cm
15cm
9cm
앞판

20cm
15cm
뒷판

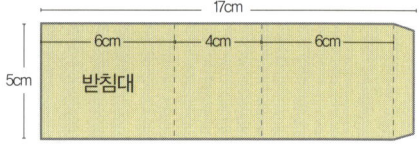

17cm
6cm 4cm 6cm
5cm
받침대

연필꽂이

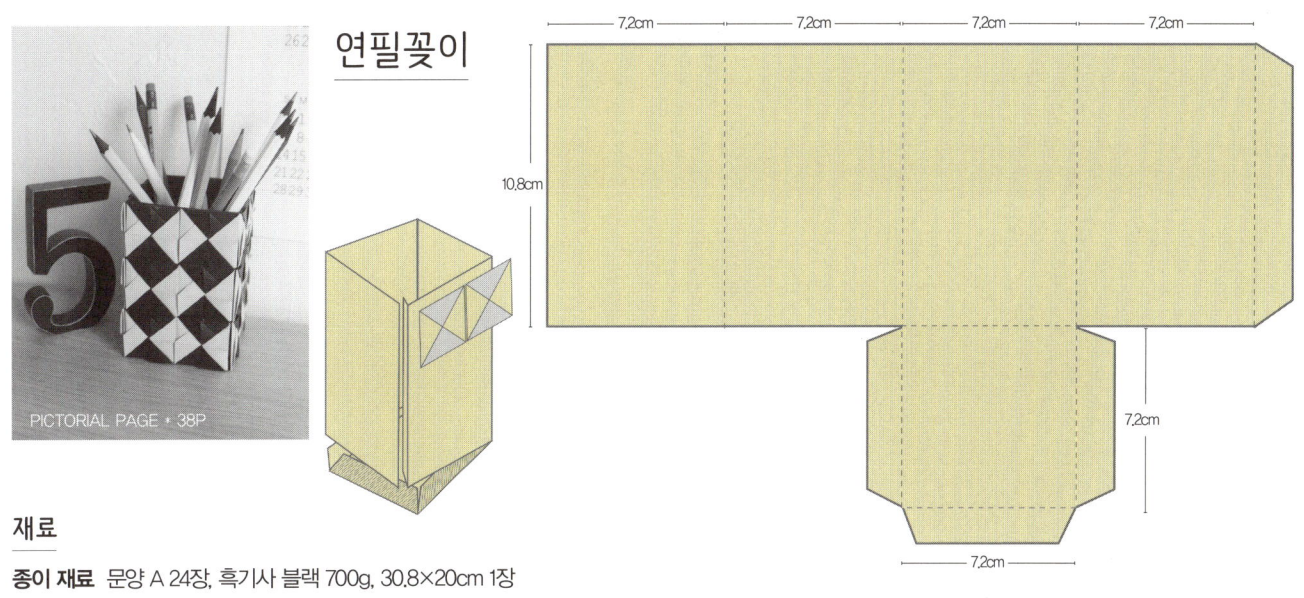

재료

종이 재료 문양 A 24장, 흑기사 블랙 700g, 30.8×20cm 1장

메모지 상자

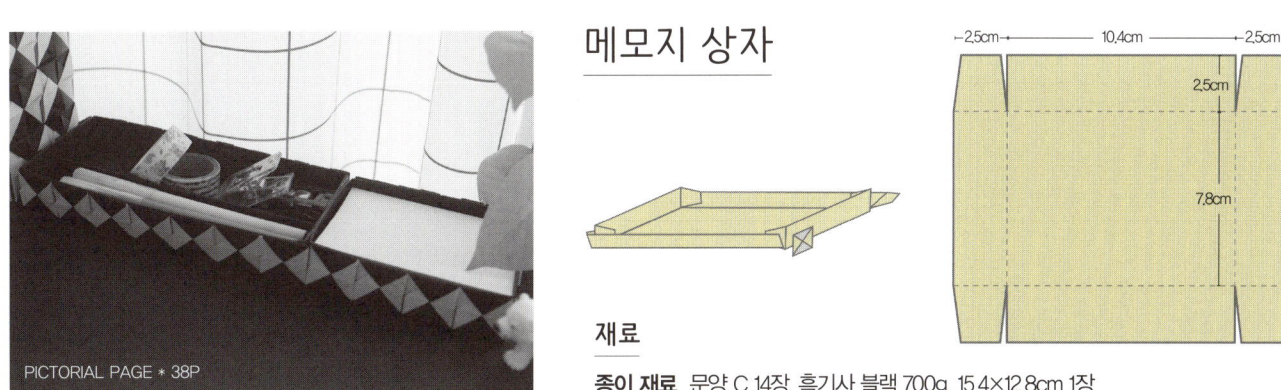

재료

종이 재료 문양 C 14장, 흑기사 블랙 700g, 15.4×12.8cm 1장

정리 상자

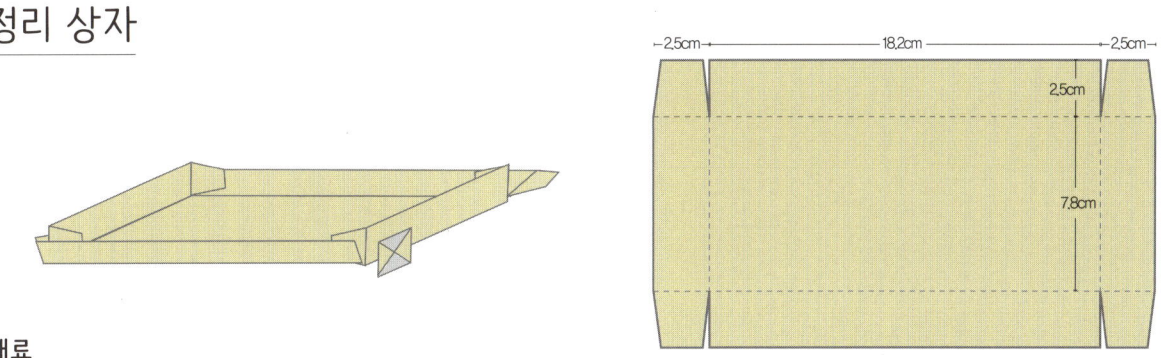

재료

종이 재료 문양 C 20장, 흑기사 블랙 700g, 23.2×12.8cm 1장

벽장식 패턴 1개 도면

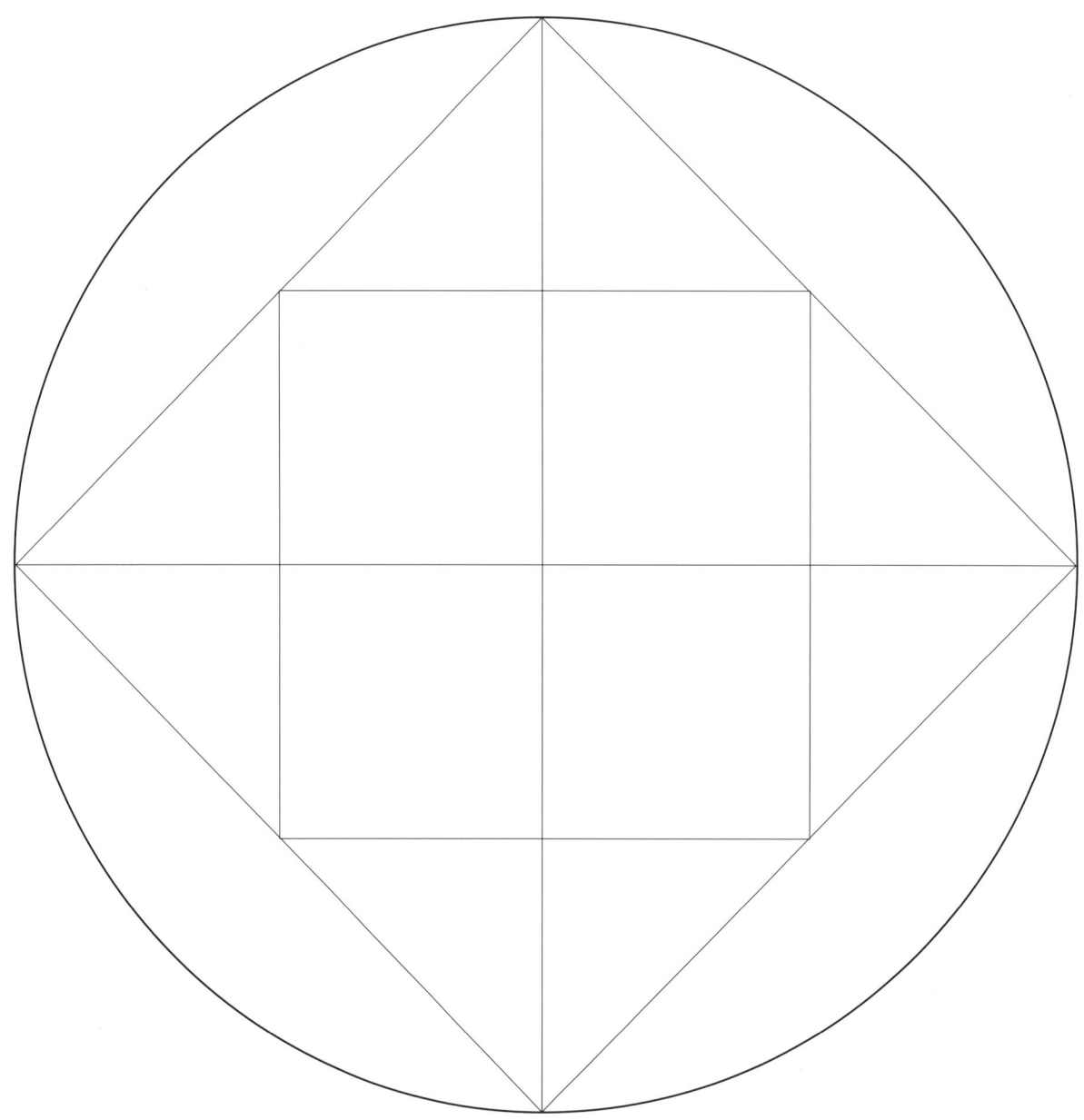

- 본 도면은 A형 100% 사이즈.
- 앞의 화보 41P 벽장식은 A형 100% 사이즈 5장(완성 크기 23cm 정도), B형 150% 확대 8장(완성 크기 29cm 정도),
  C형 200% 확대 10장(완성 크기 43cm 정도)이 필요.

꽃무늬 벽장식

PICTORIAL PAGE * 40P

재료

종이 재료 돌무늬지 01 : 116g, 4절 15장

기타 재료 칼, 자, 가위, 딱풀, 양면테이프

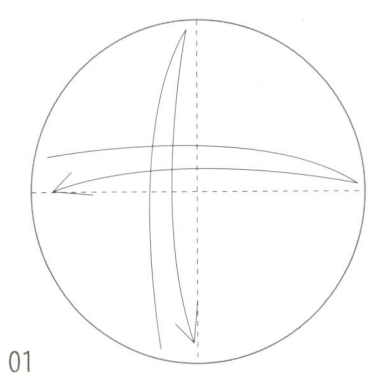

01

동그라미로 자른 후 가로, 세로 반씩 접었다 펴요.

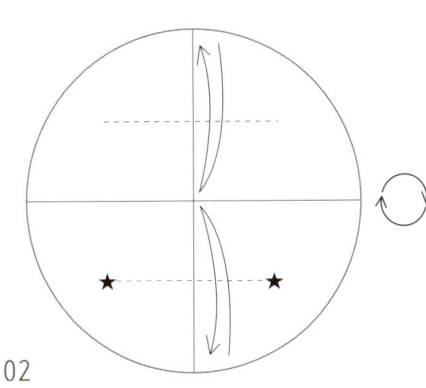

02

중심선에 맞춰 ★에서 ★표시 정도 접었다 편 후 돌려요.

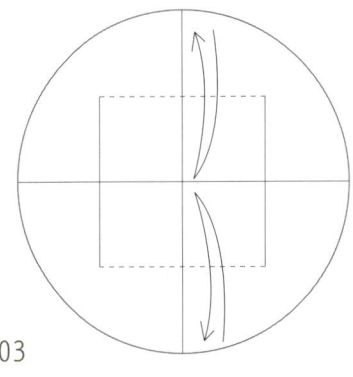

03

02와 똑같이 중심선에 맞춰 접었다 펴요(정 사각형 모양이 돼요).

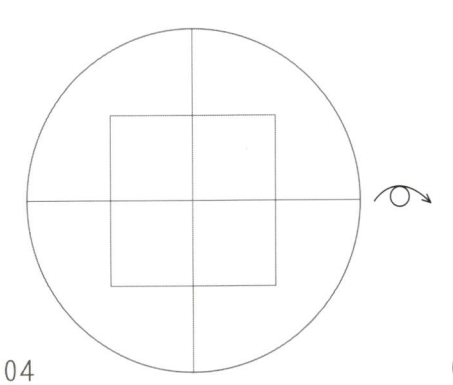

04

불필요하게 접힌 선이 있는지 확인한 후 뒤 집어요.

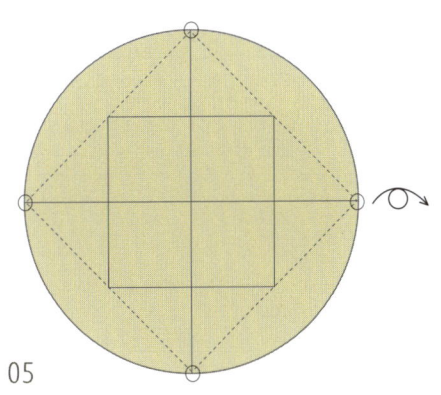

05

4군데 모두 ○와 ○를 맞춰 접었다 편 후 뒤 집어요.

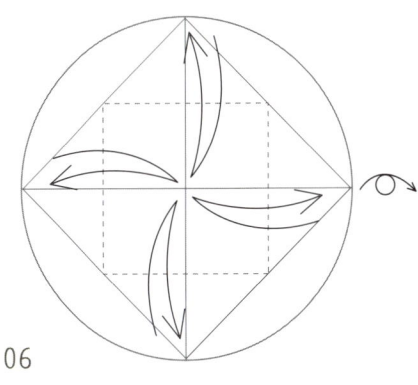

06

07의 과정을 위해 다시 한 번 접었다 편 후 뒤집어요.

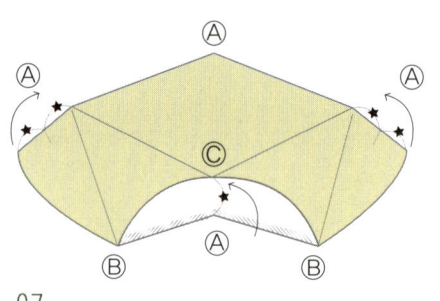

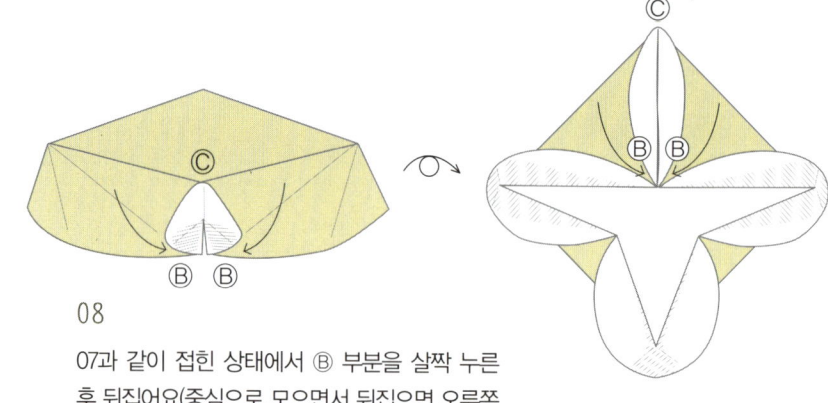

07

위처럼 모아진 상태에서 가장자리를 꼭짓점 ⓒ에 맞춰 살짝 반을 접어요(각 Ⓐ 네 부분들을 정확히 반으로 접어요).

08

07과 같이 접힌 상태에서 Ⓑ 부분을 살짝 누른 후 뒤집어요(중심으로 모으면서 뒤집으면 오른쪽 그림처럼 돼요).

09

08과 같은 방법으로 나머지 3곳도 살짝 누른 후 뒤집으면 1개의 패턴 모양이 완성돼요. 같은 방법으로 5개의 패턴을 만들어요(문양이 바닥에 고정되게 풀칠해요).

10

중심부에 풀칠한 패턴 1개를 놓고 4개를 화살표 방향대로 끼워 붙여요.

11

모듬 패턴 1개 완성.

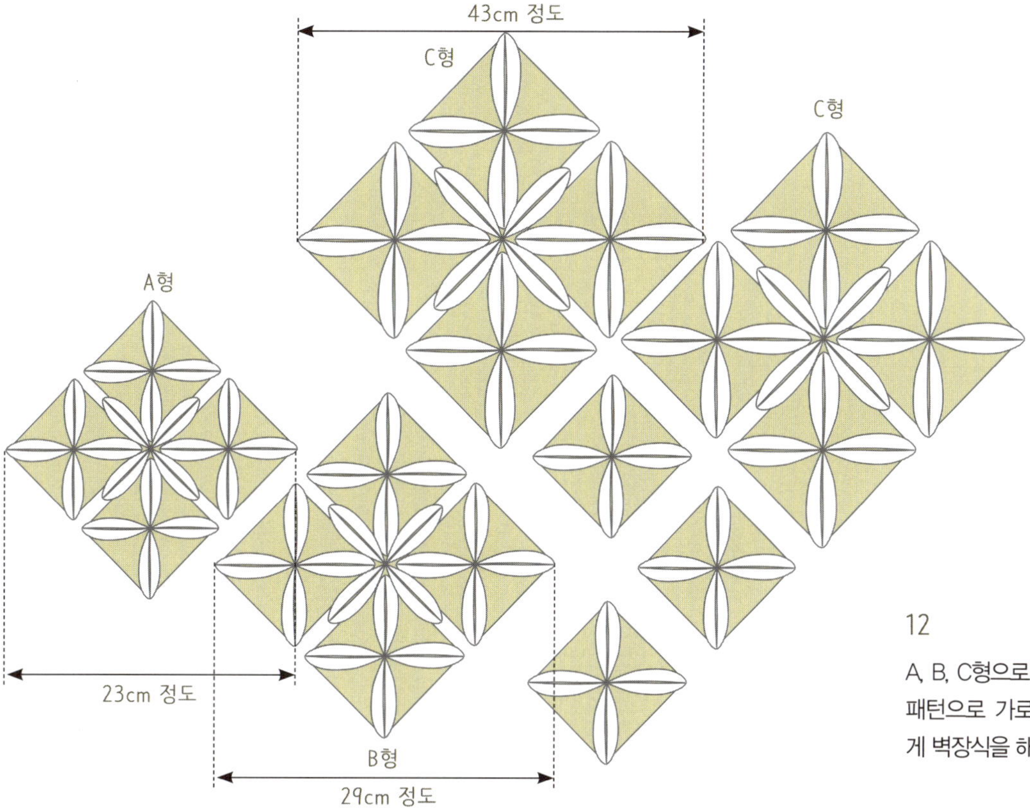

43cm 정도

C형

C형

A형

23cm 정도

B형

29cm 정도

12

A, B, C형으로 만들어 놓은 패턴으로 가로세로 다양하게 벽장식을 해요.

하나 더!!

좀 더 화려한 벽장식을 원한다면 다양한 컬러와 패턴을 활용해도 좋아요.

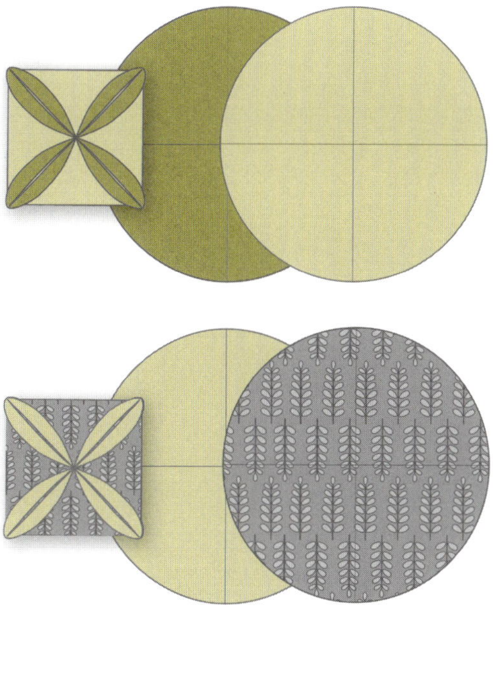

눈꽃 송이 도면

- 앞의 화보 44P 눈꽃 송이 가리개는 19칸형 도면을 200% 확대한 9개와 17칸형 도면 (100%) 8개를 1줄 기준으로 만든 가리개임 (A, B 두 개가 1세트임).

19칸형
(200% 확대
기본형)

A   B

17칸형
(100%)

A   B

눈꽃 송이 가리개

PICTORIAL PAGE * 44P

재료

종이 재료 디자이너스칼라 P50, H72, L67, L69, L71, L73 : 116g, 4절 각 2장

기타 재료 칼, 자, 양면테이프, 오공 본드, 끈 소사(0.1×150cm) 6줄,
얇은 나무 막대(0.3~0.5×60cm) 3개

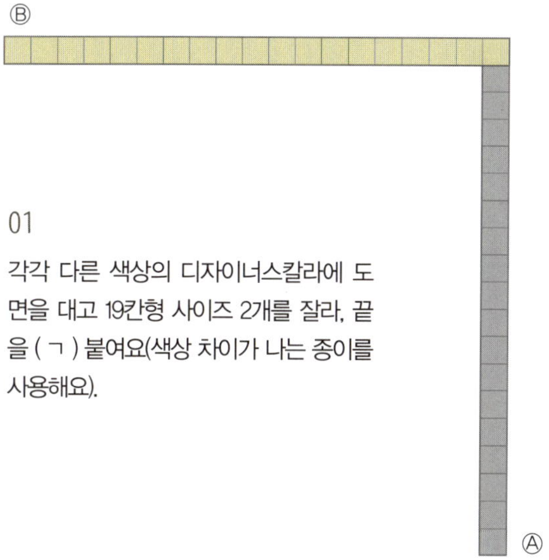

Ⓑ
Ⓐ

01

각각 다른 색상의 디자이너스칼라에 도면을 대고 19칸형 사이즈 2개를 잘라, 끝을 (ㄱ) 붙여요(색상 차이가 나는 종이를 사용해요).

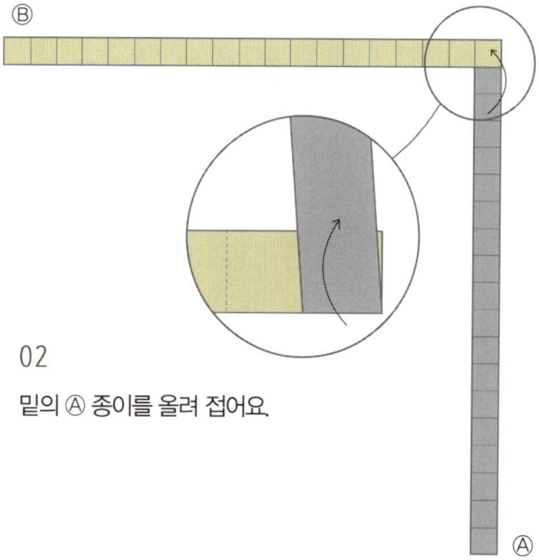

Ⓑ
Ⓐ

02

밑의 Ⓐ 종이를 올려 접어요.

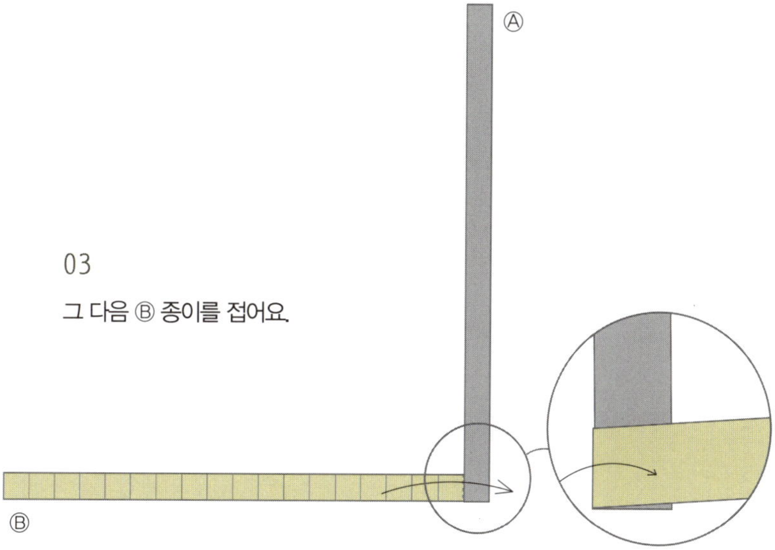

Ⓐ

03

그 다음 Ⓑ 종이를 접어요.

Ⓑ

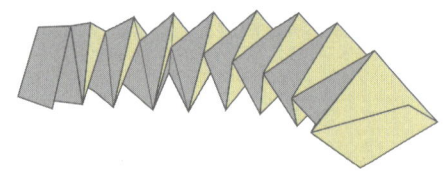

04

03과 같이 Ⓐ, Ⓑ를 엇갈려 접기
방법으로 종이 끝까지 접어요.

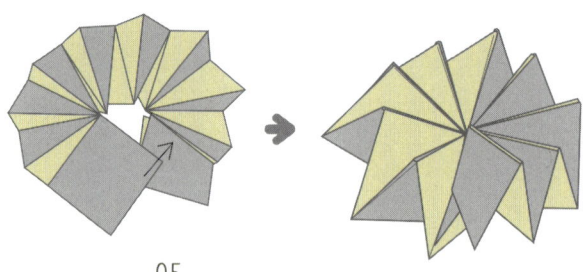

05

접은 종이의 끝과 끝을 끼워 붙여요.

19칸형 9개

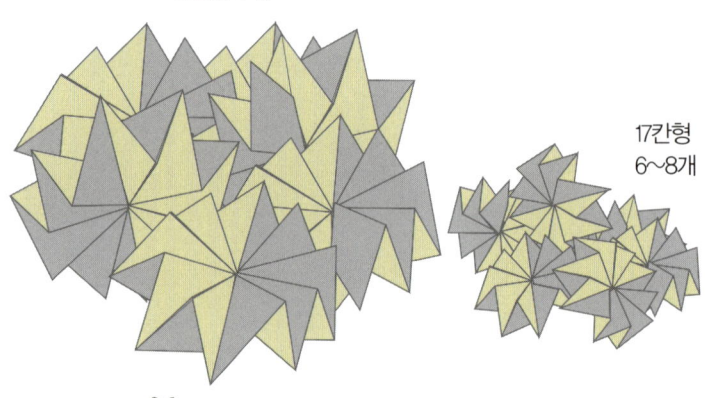

17칸형
6~8개

06

큰 눈꽃 송이 19칸형 9개, 작은 눈꽃 송이 17칸형 6~8개
를 1줄 기준 개수로 준비해요.

07

꼰 소사를 150cm 잘라 한쪽 15cm
를 남기고, 06에서 완성한 눈꽃
송이의 가운데를 실로 통과해요
(접어진 종이 사이에 실을 끼워
고정해요).

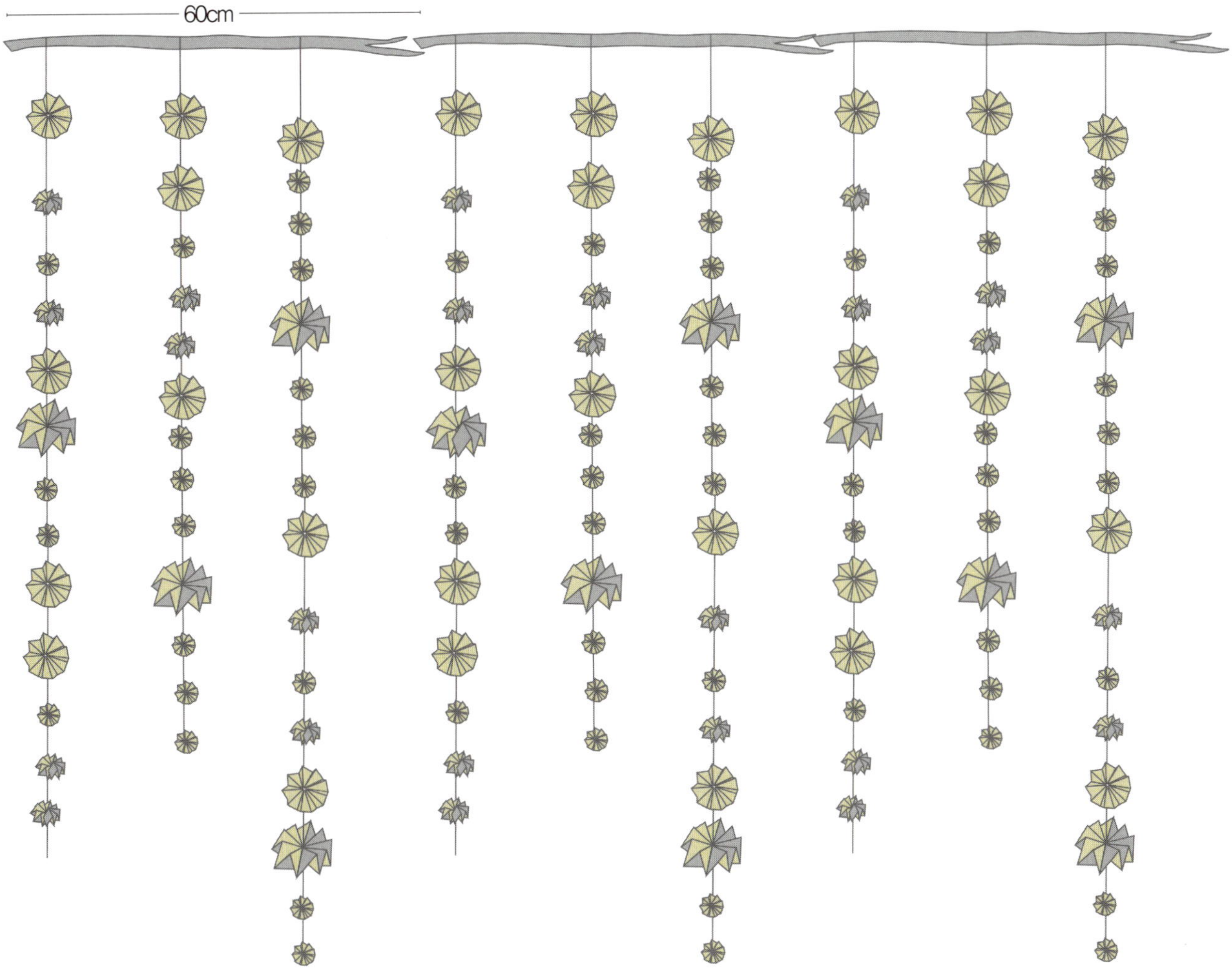

60cm

08

나무 막대 1개당 3줄씩 묶어 완성하고, 모양 밑으로 남은 줄은 가위로 잘라 마무리 완성 해요.

TIP 걸이가 될 나무 막대를 길게 하지 않고 짧게 여러 개를 만들면, 발의 무게를 가볍게 할 수가 있어 보관이 쉽고, 공간을 자유롭게 배치할 수도 있어요.

하나 더!!

2가지 종이를 사용해 꽃을 화려 하게 만들 수도 있고, 발 전체의 꽃을 단색으로 또는 전체를 여러 가지 종이나 여러 컬러를 이용해 다양한 인테리어 분위기를 연출 할 수 있어요.

칠각 스탠드 도면

Ⓐ

• 앞의 화보 48P 칠각 스탠드 조명은 본 도면을 300% 확대(완성 높이는 25cm 정도).

TIP **스탠드 조명 만들기 팁으로 사이즈 재는 요령**

세로선 – 가지고 있는 스탠드 조명의 둘레 + 약 5cm를 세로선으로 정해요.

가로선 – 원하는 길이 + (세로선의 1/8 너비×2) + 시접분 2cm

윗부분 장식 – 세로선의 3/4 크기

칠각 스탠드 조명

PICTORIAL PAGE * 48P

재료

종이 재료 팬시홀 F 디자이너스칼라 DC01 : 116g, 4절 1장(48P 기준)

기타 재료 칼, 자, 커팅 매트, 양면테이프, 나비 펀치, 스탠드 조명

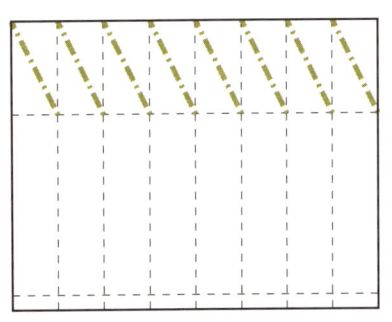

▪━▪━▪━▪━ 산선(밖으로 접기)과
– – – – – – 골선(안으로 접기)

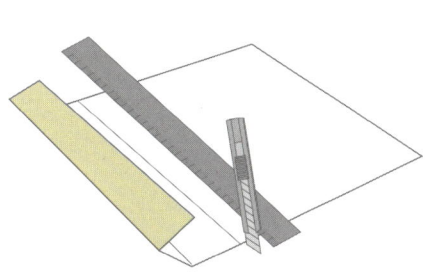

01

안쪽에 도면을 8등분하여 자를 대고 칼등 선으로 표시하여 앞으로 접었다 펴요.

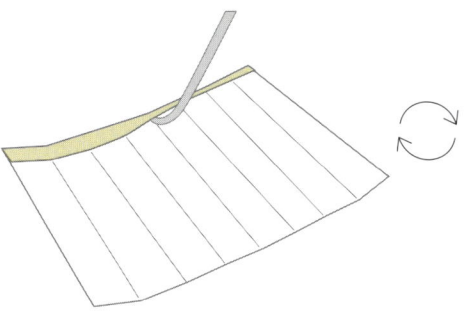

02

윗부분을 2cm 접은 후 양면테이프로 붙여요.

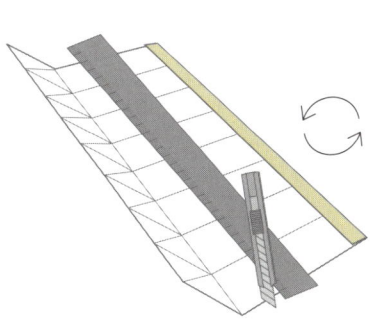

03

도면의 Ⓐ 부분(1:2 비율의 칸)을 칼등 선으로 표시하고 앞으로 접었다 펴요.

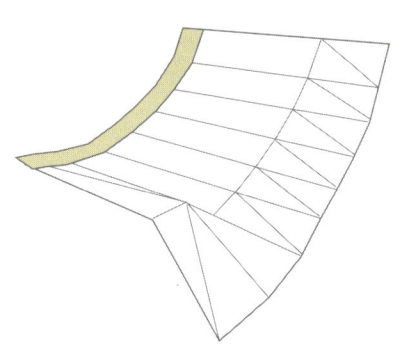

04

꼭짓점을 잘 맞춰서 칼등 선으로 표시하고 뒤로 접었다가 펴요(그림처럼 접었다가 편 선을 정확하게 만들어요).

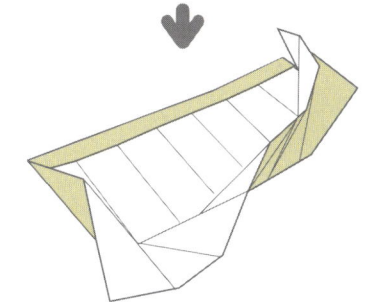

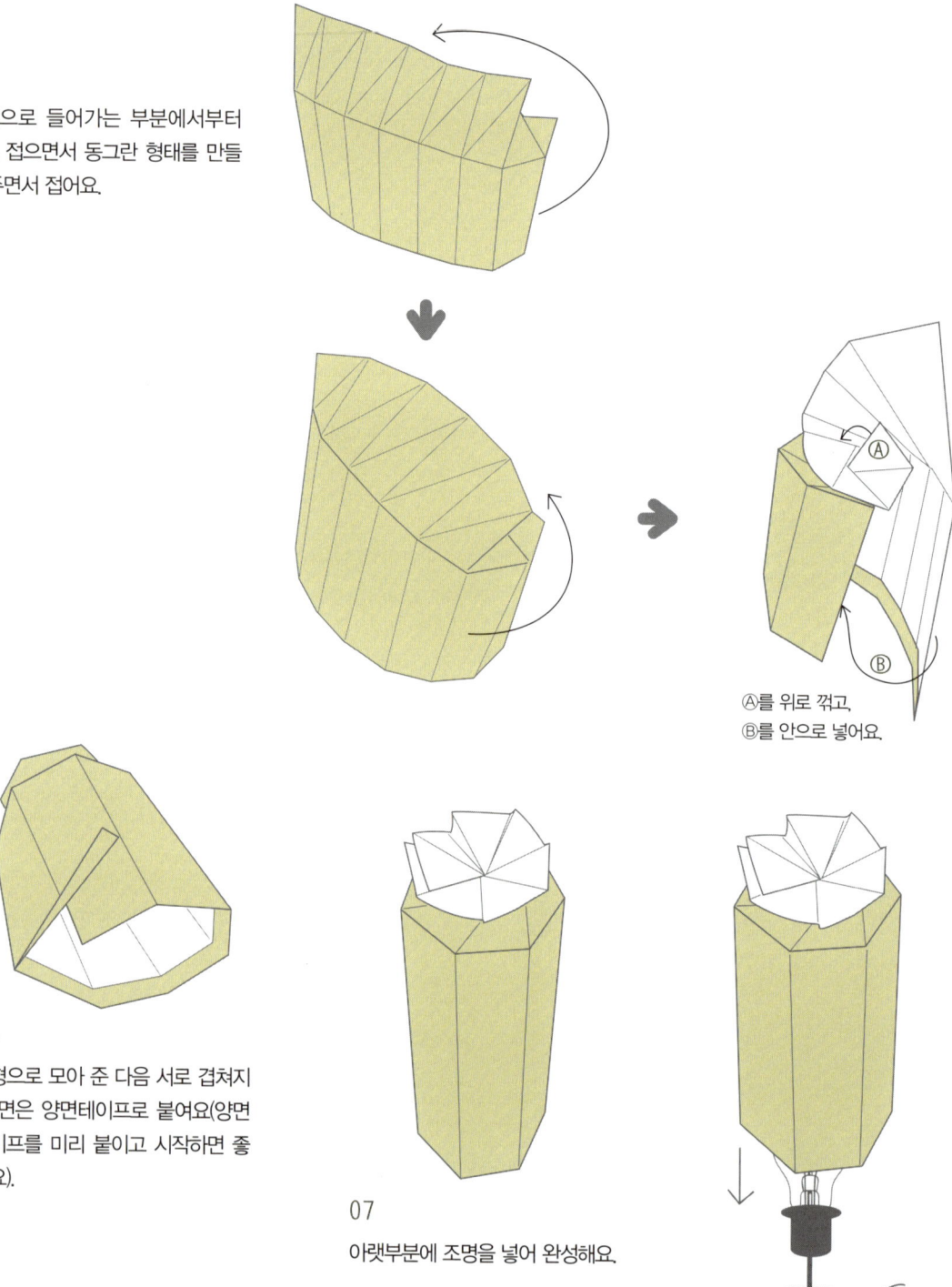

05

안쪽으로 들어가는 부분에서부터 서로 접으면서 동그란 형태를 만들어 주면서 접어요.

Ⓐ를 위로 꺾고,
Ⓑ를 안으로 넣어요.

06

원형으로 모아 준 다음 서로 겹쳐지는 면은 양면테이프로 붙여요(양면테이프를 미리 붙이고 시작하면 좋아요).

07

아랫부분에 조명을 넣어 완성해요.

PICTORIAL PAGE · 51P

윗장식

완성된 칠각 스탠드에 좀 더 러블리한 조명을 원한다면 칠각
스탠드 접기와 같은 방식의 꽃모양을 접어 위에 붙여 봐요.

재료

종이 재료 팬시홀 F 디자이너스칼라 DC01 : 116g, 40×10cm 1장
기타 재료 칼, 자, 양면테이프

윗장식 도면
(40×10cm)

도면 사이즈의 종이(1:2 비율의 종이)를 칼 뒷면
으로 칼 선을 내어 준비해요. 먼저 가로로 8등분으
로 접고, Ⓐ와 같이 한 칸의 끝과 끝점을 맞춰서
사선을 뒤로 접어요. Ⓑ~ⓒ와 같이 한쪽 끝부분
사선부터 서로 겹쳐가며 하나의 원형 형태를 만
들어 주면서 접어주면 완성.

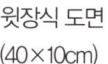

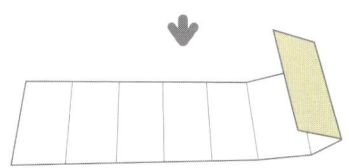

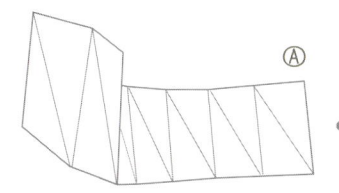 Ⓐ → 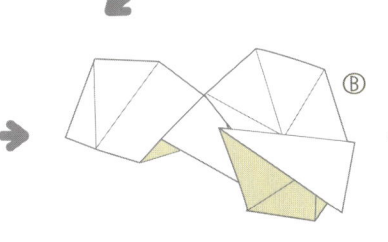 Ⓑ → 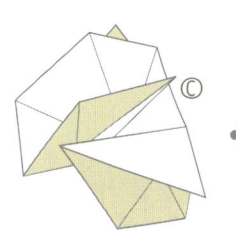 ⓒ →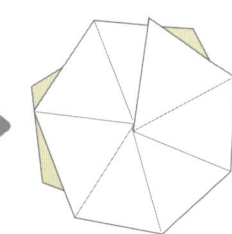

하나 더!!

칠각 스탠드 조명 도면을 기본으로 확대 축소 복사를 해서 종이에 대
고 접기 면을 접어 놓으면, 아기자기하고 작은 조명도 만들 수 있고,
더 커다란 조명을 만들 수도 있어요.
또한 86P의 나비 도면을 활용해 나비를 만들어 붙이면 다양한 느낌
을 연출할 수 있어요.

벌집 모양 벽장식 도면

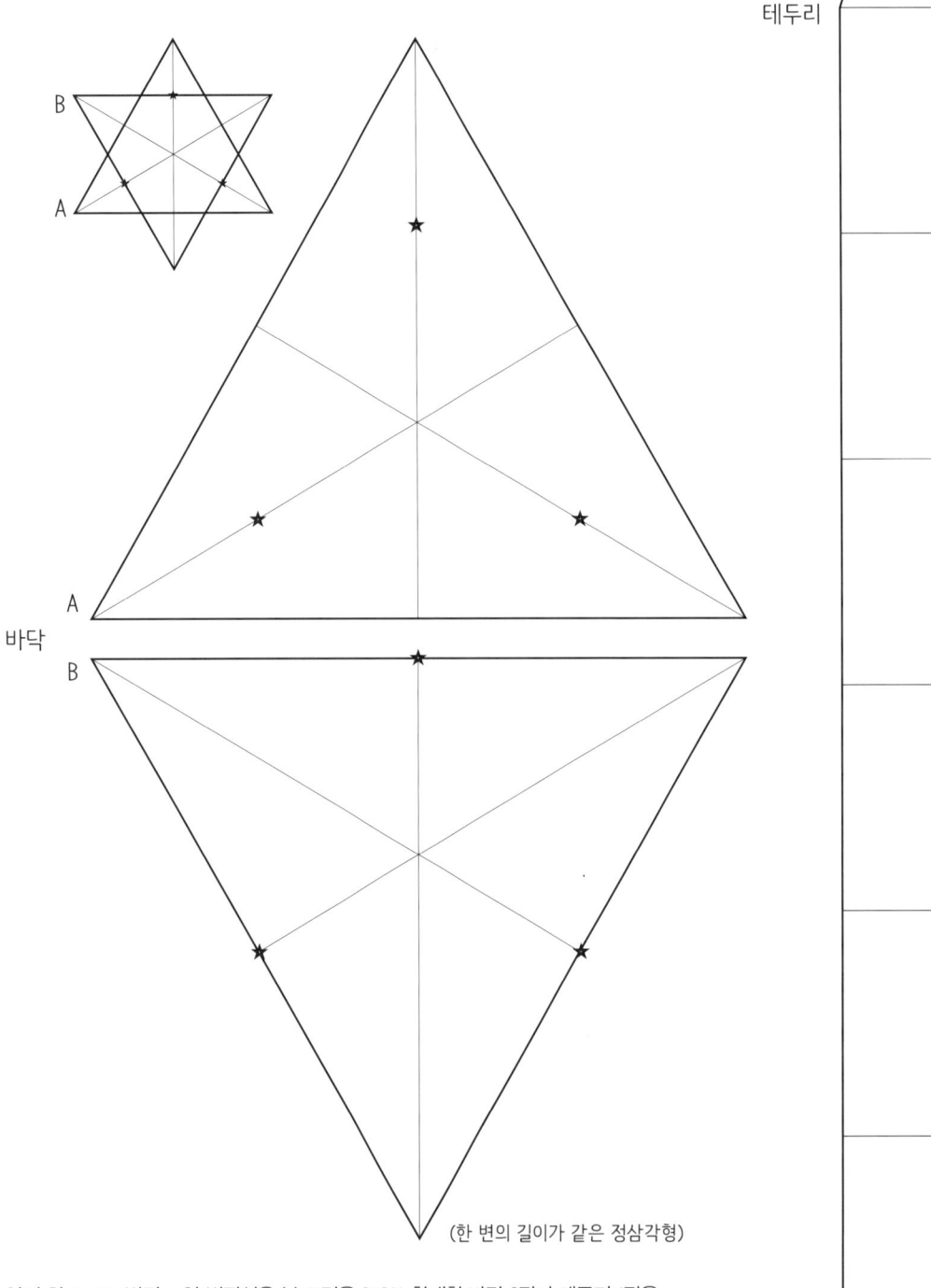

B

A

바닥

A

B

(한 변의 길이가 같은 정삼각형)

테두리

B

A

• 앞의 화보 53P 벌집 모양 벽장식은 본 도면을 250% 확대한 바닥 2장과 테두리 1장을
  기본으로 3개 세트와 바닥 2장과 높이(A)가 높은 테두리 1장 4세트가 필요.
  (벌집 모양 벽장식 1개 완성 크기 14cm 정도).

벌집 모양 벽장식

PICTORIAL PAGE * 52P

재료

종이 재료 뉴크라프트보드 175g, 4절 9장

기타 재료 칼, 자, 글루건, 딱풀

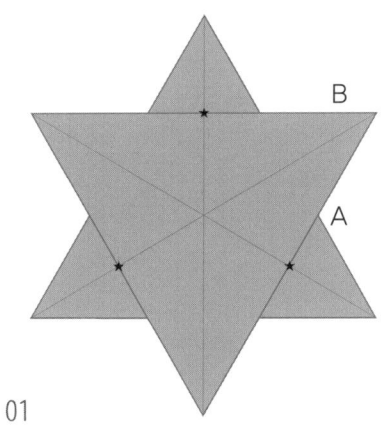

01

2개의 정삼각형(A, B)을 내심에 맞춰 ★표시
에 맞게 그림과 같이 붙여요.

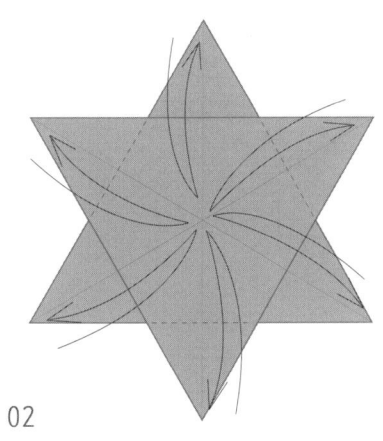

02

6군데 모두 중심점에 맞춰 접었다 펴서 바닥
을 만들어요.

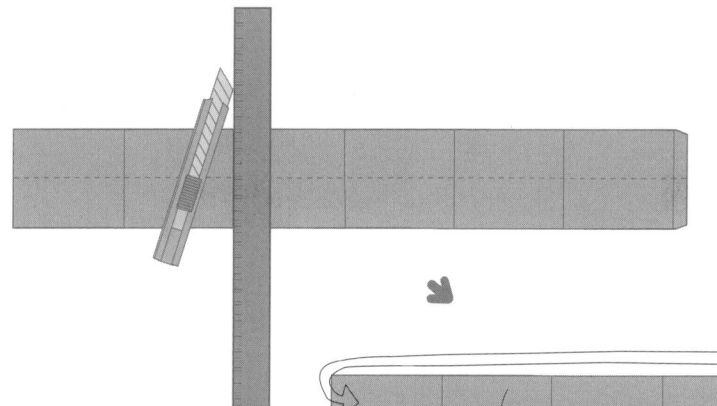

03

테두리 종이에 도면대로 자를 대고 칼등
선으로 표시해요.

04

반쪽 아랫부분을 풀칠한 후
접어내리면서 연결 부분이 화
살표 방향으로 들어가게 육각
기둥을 만들어요.

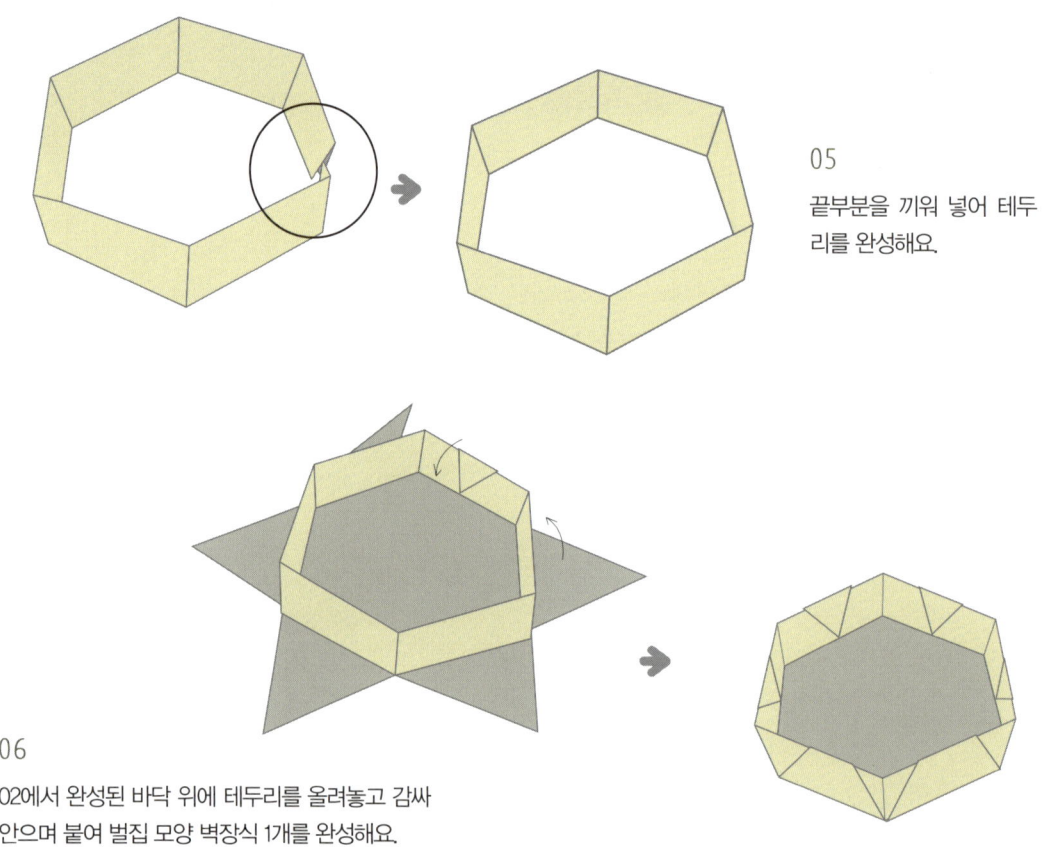

05

끝부분을 끼워 넣어 테두
리를 완성해요.

06

020에서 완성된 바닥 위에 테두리를 올려놓고 감싸
안으며 붙여 벌집 모양 벽장식 1개를 완성해요.

하나 더!!

높이가 다른 벌집 모양

*앞의 도면을 250% 기본으로 잡아요.

바닥의 사이즈가 같고 테두리만 높게 만들 경
우 테두리의 길이는 도면과 같이 49cm를 그대
로 유지하고, 높이 A(7cm에서 10cm 또는 14cm)
를 높게 만들면 벌집 모양 벽장식을 입체감 있
게 만들 수 있어요(높이가 높은 것은 테두리 옆
면에 바닥 삼각형 시접을 붙여요).

기본형   높은형

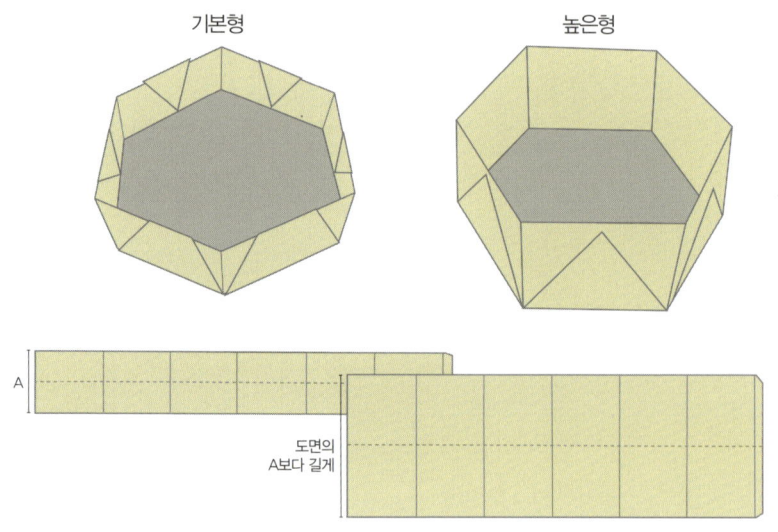

A

도면의
A보다 길게

07

높낮이를 다르게 해서 만든 여러 개의 벌집 모양 입체 벽장식은 1개씩 또는 여러 개를 묶어서 장식 용으로 활용할 수 있어요. 다양한 코디 방법으로 볼륨감 있는 인테리어를 연출해 봐요.

기본형에서 테두리의 높이가 높은 벌집 모양(14cm).

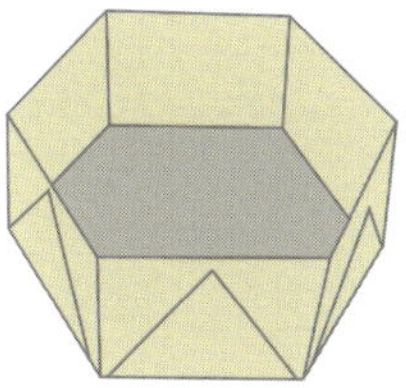

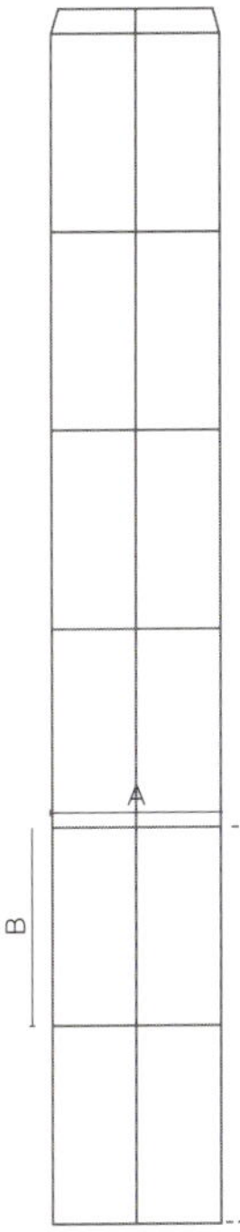

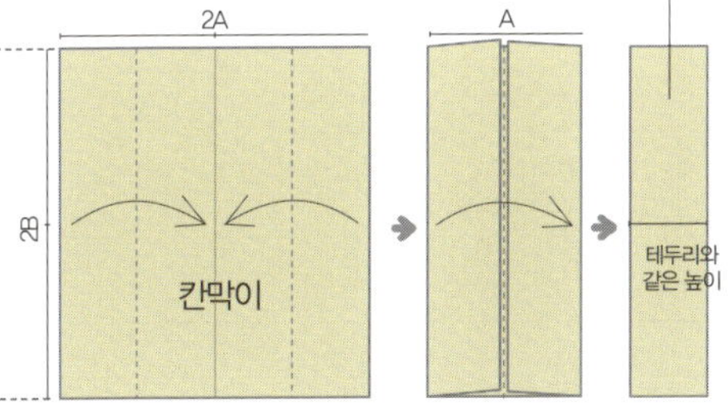

본체의 종이와 같은 종이로 테 두리 A의 2배×B의 2배 사이 즈를 준비해 중심선에 맞춰 화 살표 방향대로 접은 후 한 번 더 화살표 방향대로 접어 테 두리와 같은 칸막이를 만들어 요(벌집 모양의 테두리 높이와 칸막이의 높이가 같아야 해요).

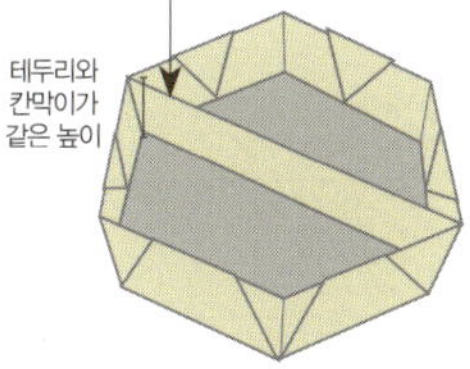

2A

A

칸막이

2B

테두리와 같은 높이

테두리와 칸막이가 같은 높이

기본 칸막이형

기본형

PICTORIAL PAGE * 55P

하나 더!!

벌집 모양 트리 만들기

앞의 도면을 125% 확대(한 변의 길이가 12cm 내외)한 정 삼각형으로 테두리의 높낮이를 다양하게 만들어서 연 출해요(화보 55P는 28개를 만들어 구성).

입체 모빌 도면

■ 모빌 윗부분용
앞의 화보 59P 다각형 입체 모빌은 본 도면 모빌 윗부분 300% 확대(완성 길이 21cm 정도)

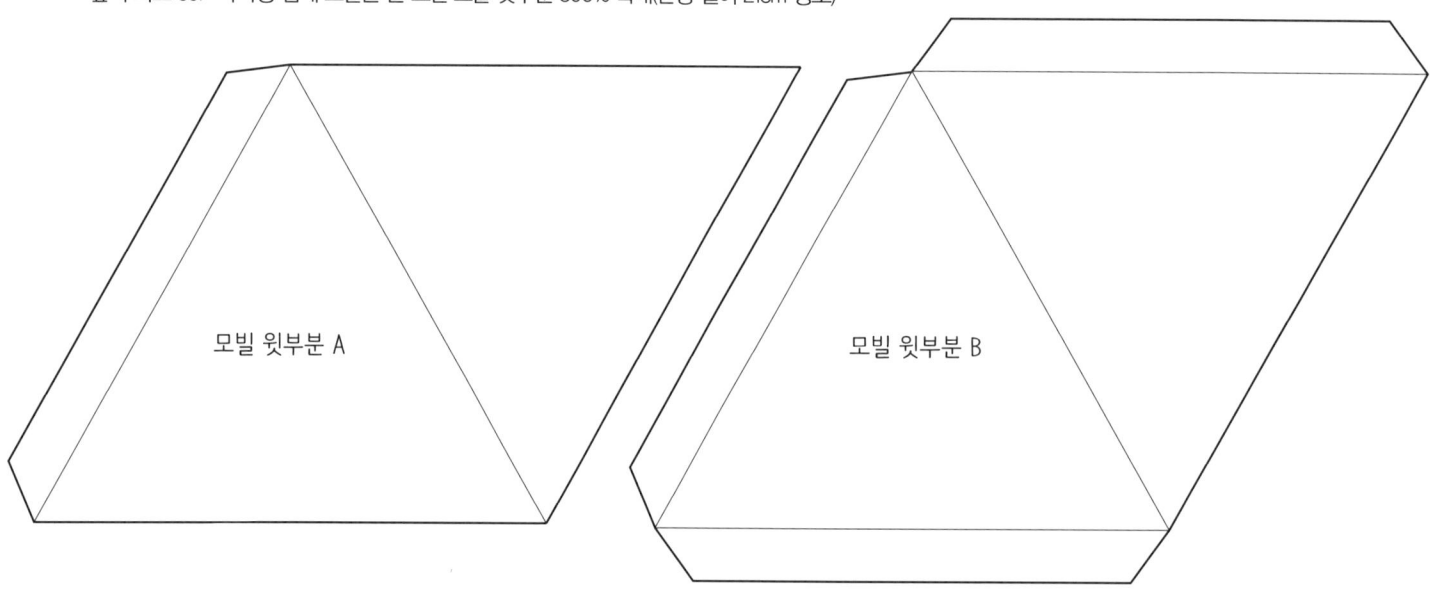

모빌 윗부분 A

모빌 윗부분 B

■ 모빌 도형 a~d
본 도면은 100% 사이즈.

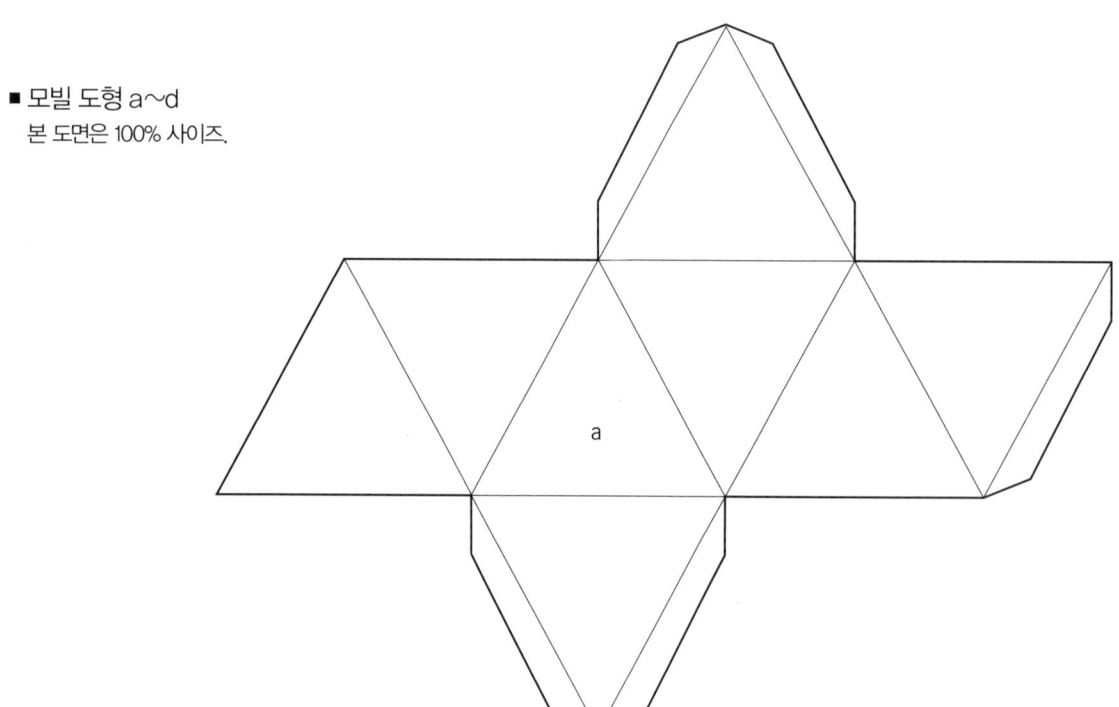

a

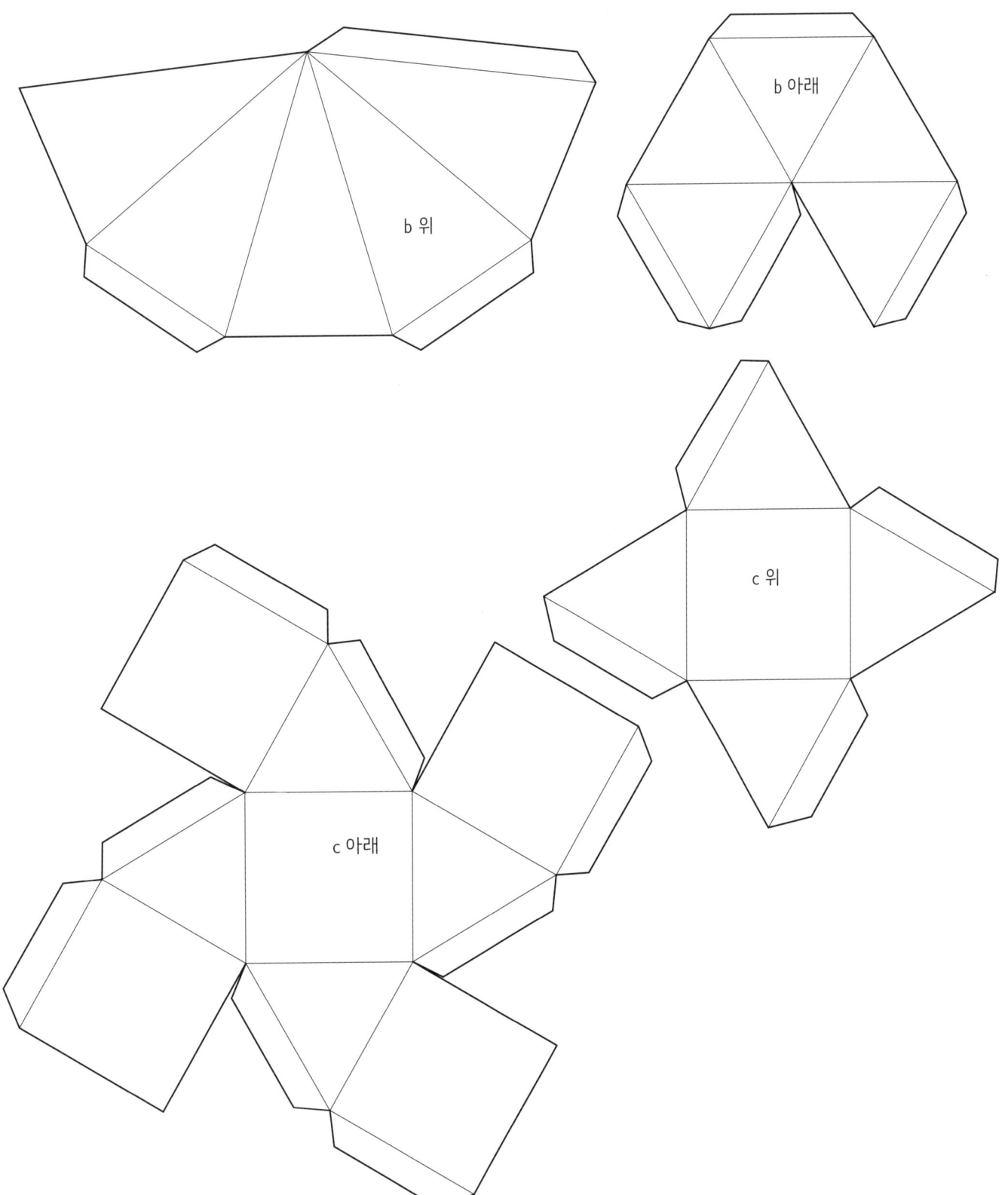

b 위

b 아래

c 위

c 아래

119

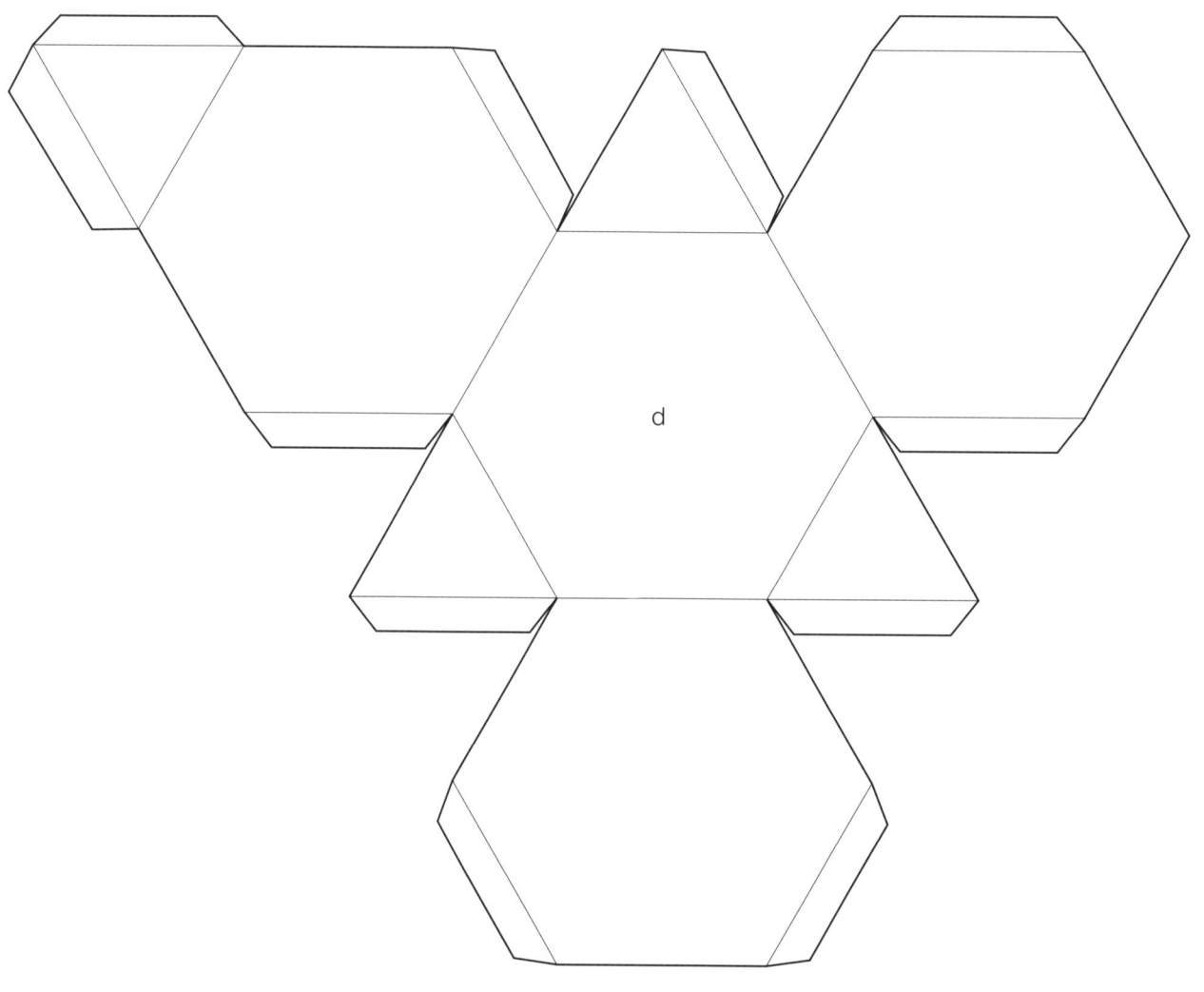

d

• 앞의 화보 59P의 다각형 입체 모빌은 윗부분 300% 확대 1개와 250% 확대 3개
  도형 a~d까지 여러 개 필요.

다각형 입체 모빌

PICTORIAL PAGE * 56P

재료

종이 재료 (윗부분) 엔티랏샤 024, 144, 149 : 244g, 4절 각 1장

(도형들) 엔티랏샤 034, 091, 144, 148 : 116g, 8절 각 1장(56P 기준)

기타 재료 칼, 자, 가위, 양면테이프, 매듭실

윗부분

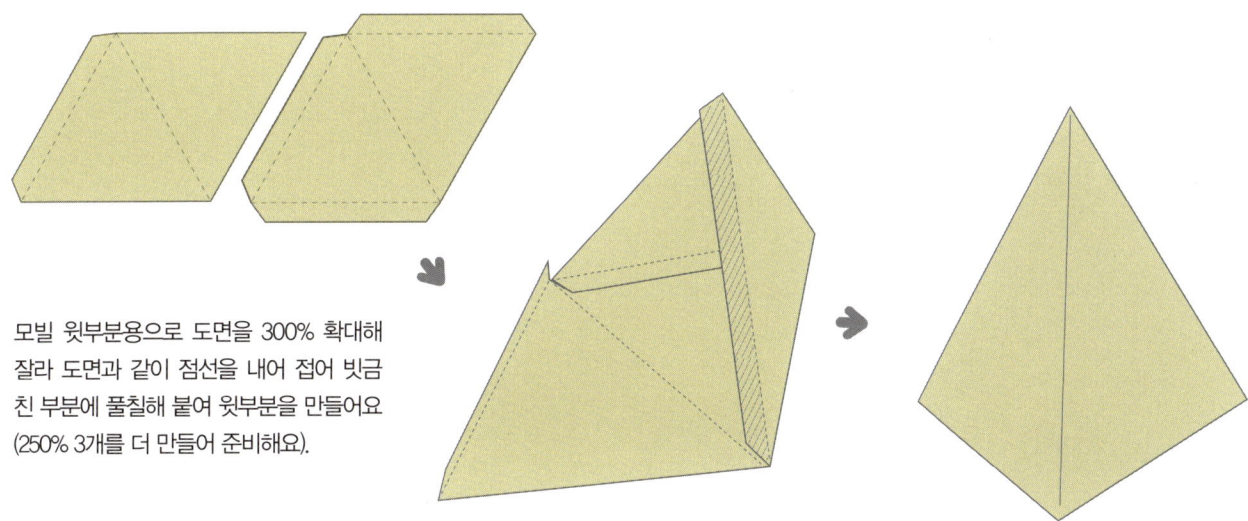

모빌 윗부분용으로 도면을 300% 확대해 잘라 도면과 같이 점선을 내어 접어 빗금 친 부분에 풀칠해 붙여 윗부분을 만들어요 (250% 3개를 더 만들어 준비해요).

도형 a~d

다양한 색상의 종이를 준비해 원하는 개수 만큼의 도형을 만들어요.

도형 a

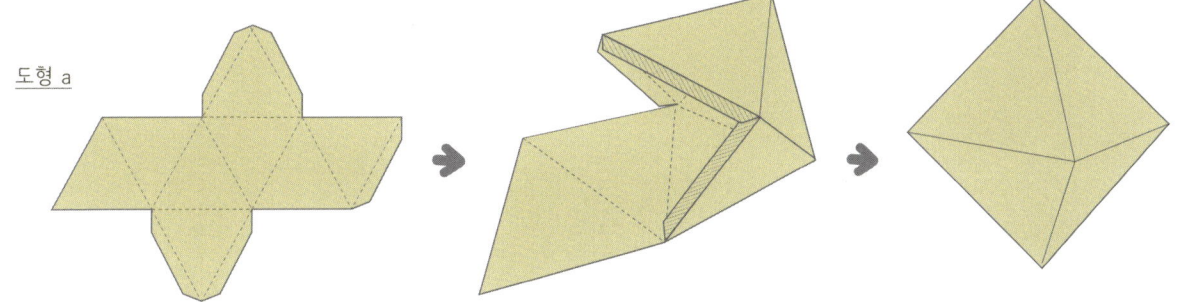

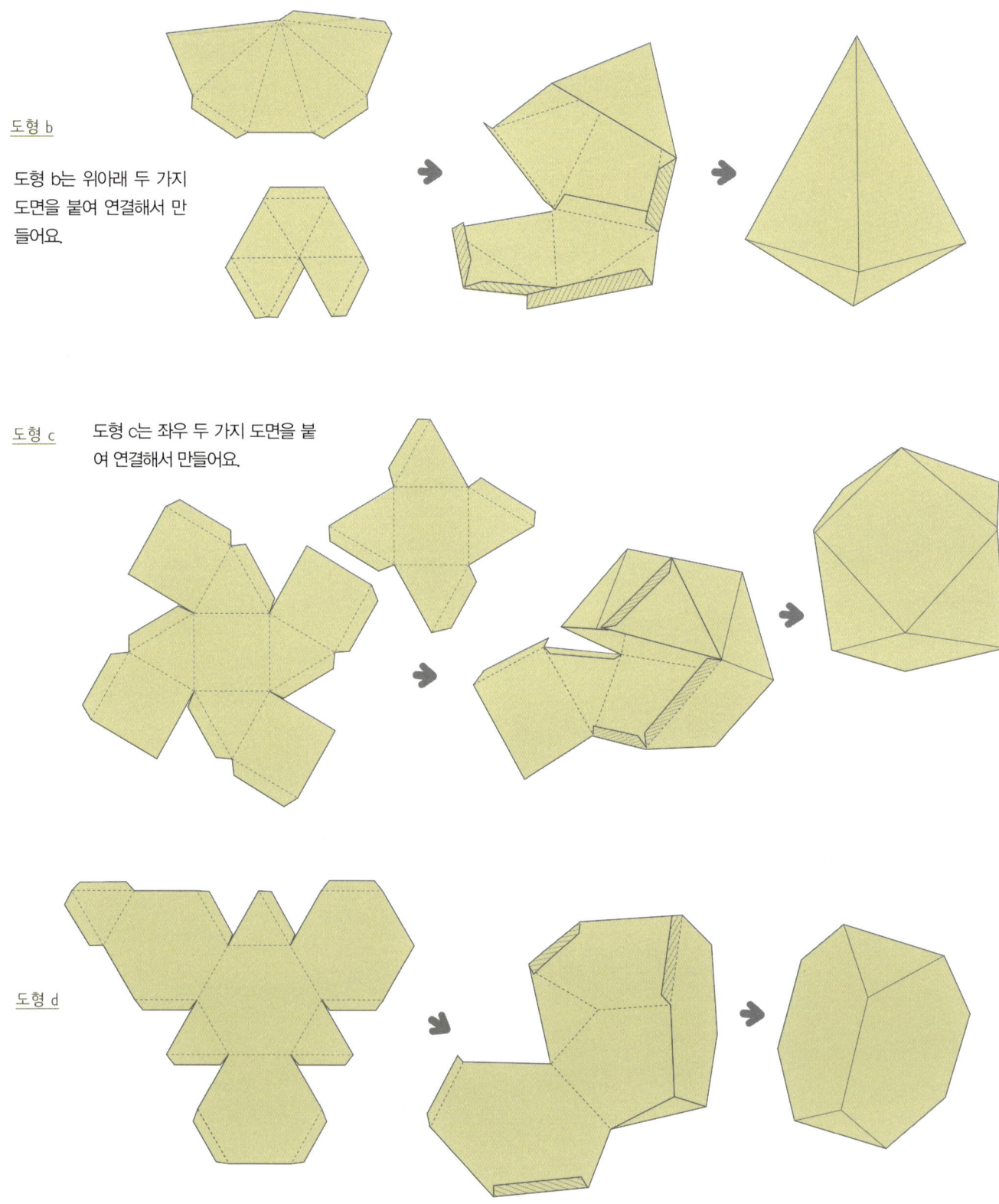

도형 b

도형 b는 위아래 두 가지 도면을 붙여 연결해서 만들어요.

도형 c

도형 c는 좌우 두 가지 도면을 붙여 연결해서 만들어요.

도형 d

모빌 만들기

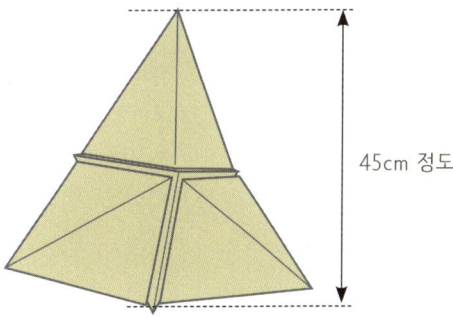

01
모빌 윗부분을 만들기 위해 300% 1개, 250% 3개를 만들어 붙여 그림과 같이 만들어요(화보 59P).

45cm 정도

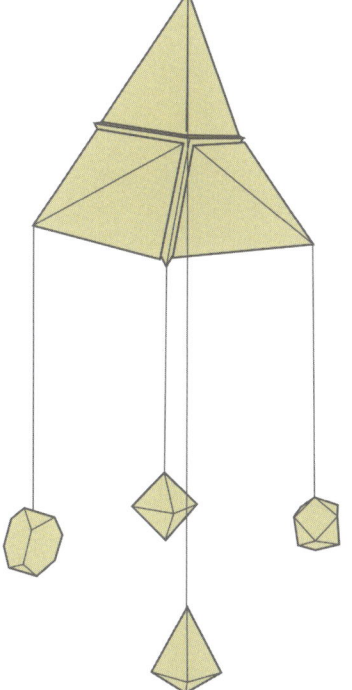

02
도형 a~d까지 100%로 또는 더욱 다양한 도형을 원할 경우 도면을 확대, 축소해서 만들면 더욱 풍성하고 재미있는 다각형 입체 모빌을 만들 수 있어요.

B

A

03
커다랗고 무게감이 있는 입체 모빌을 원할 경우 02에서 만든 모빌 A에 118P 모빌 윗부분을 다양하게 확대해 붙인 B(300% 1개, 250% 2개, 220% 1개, 120% 2개)를 만들어 A와 B를 붙여 입체 모빌을 완성해요(화보 58P).

고래 벽장식 도면

• 앞의 화보 61P 고래 벽장식은
  본 도면의 100% 사이즈.

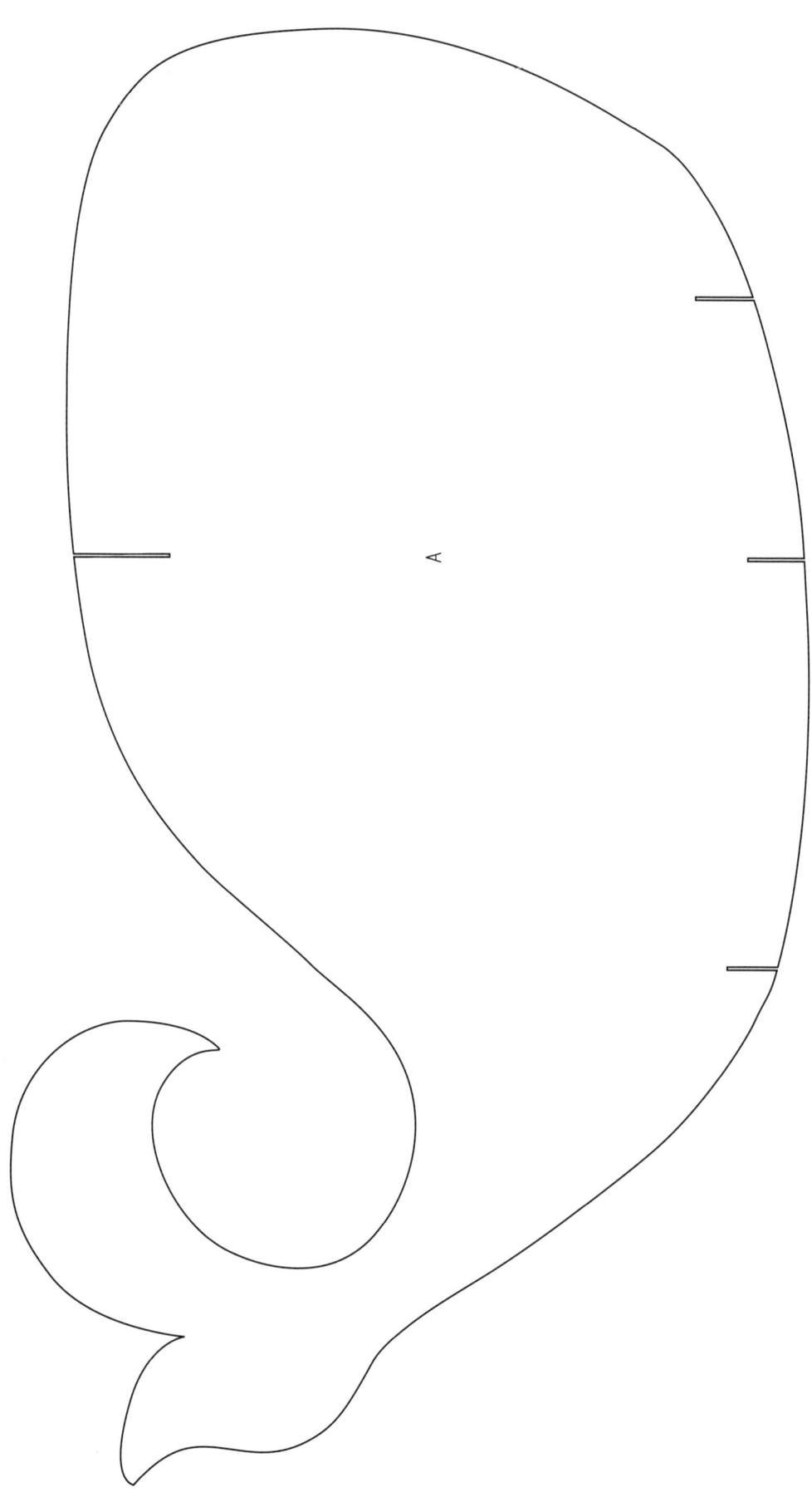

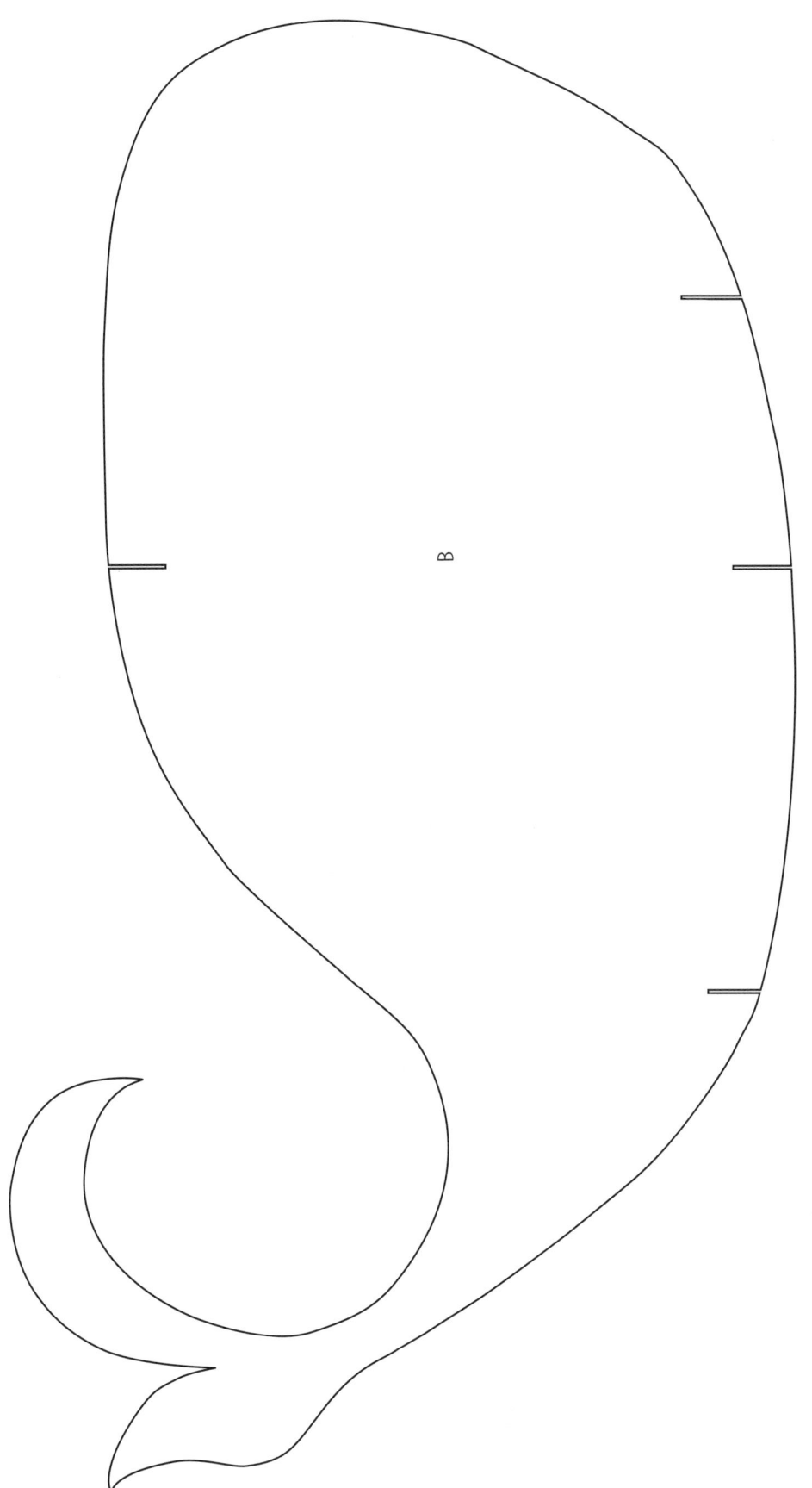

B

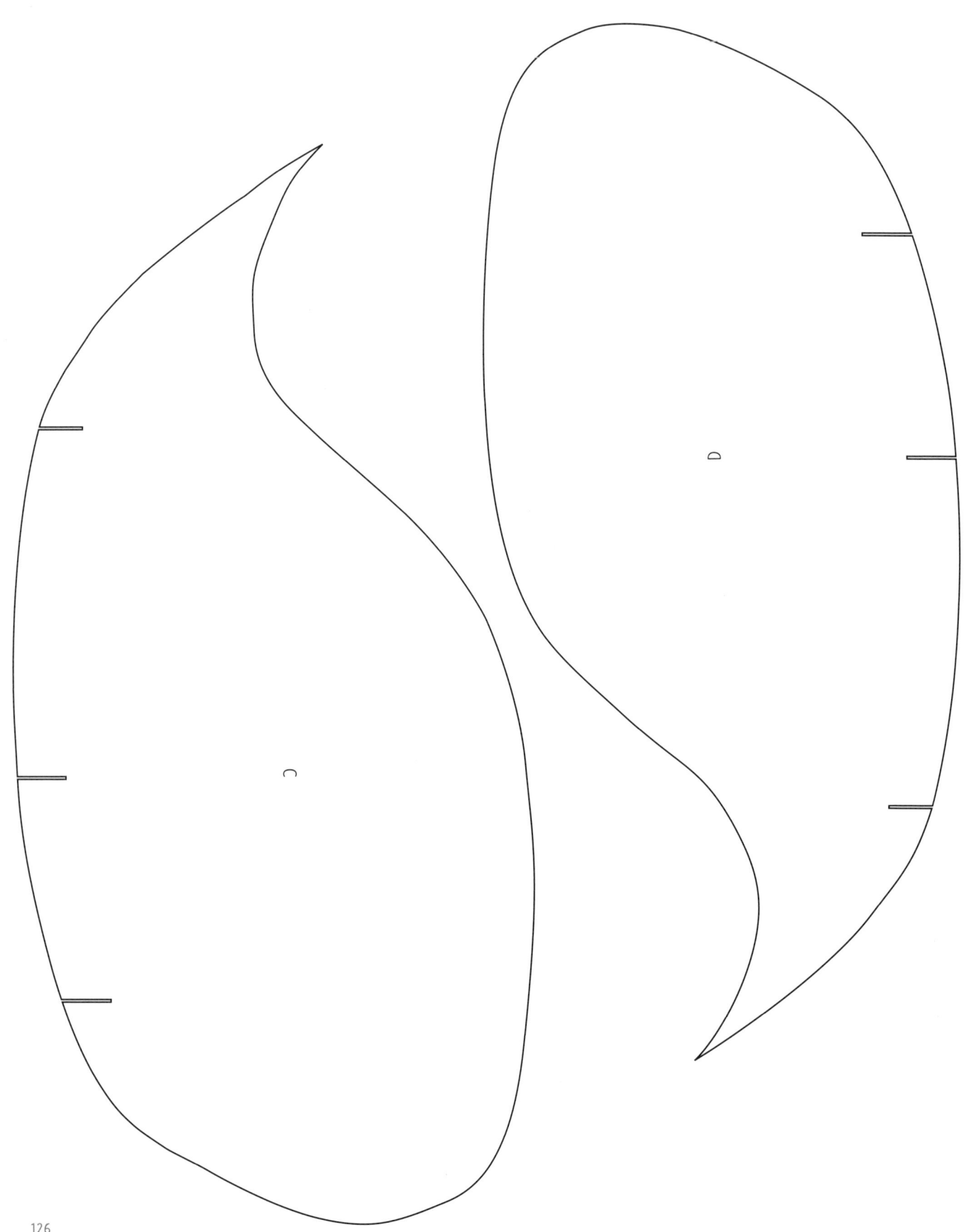

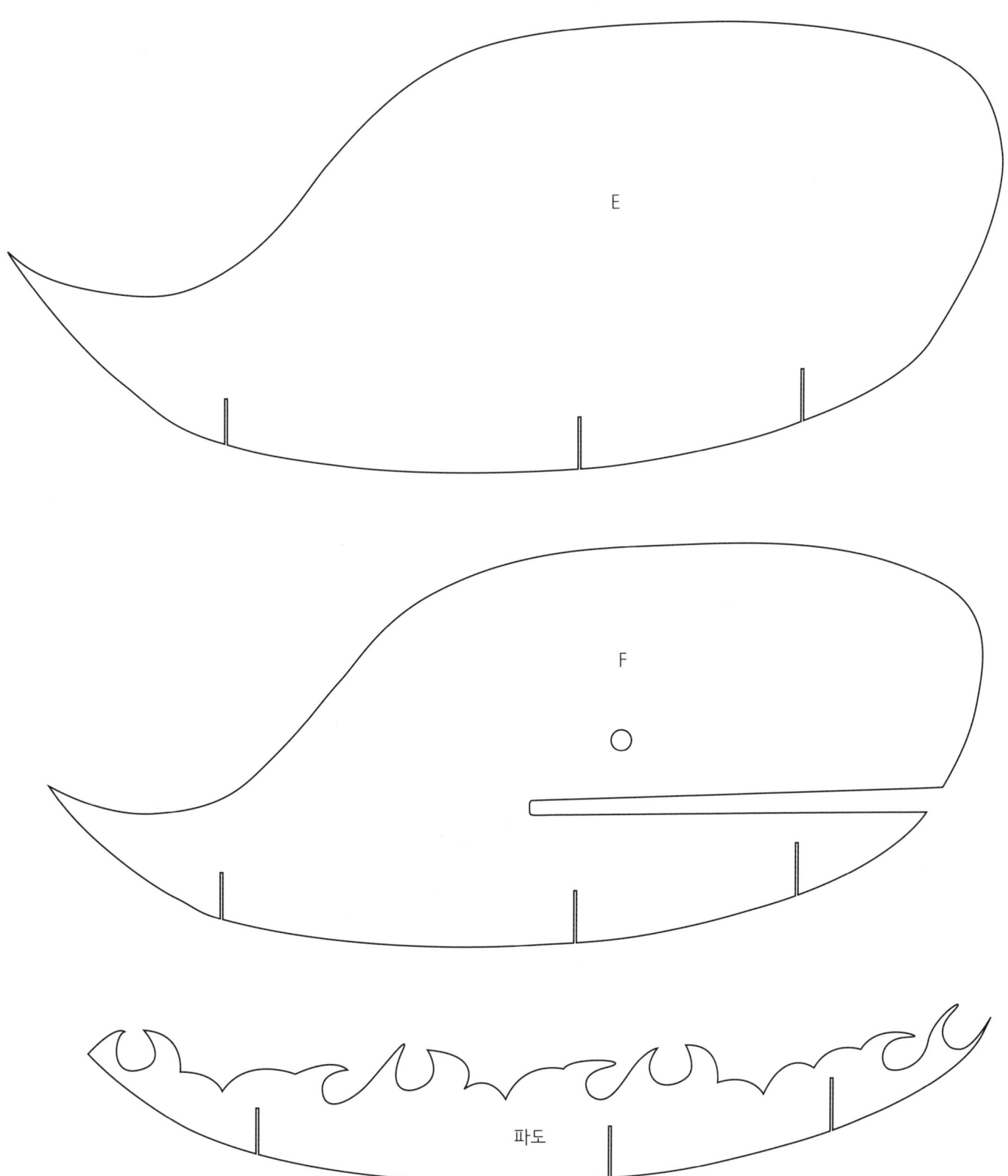

E

F

파도

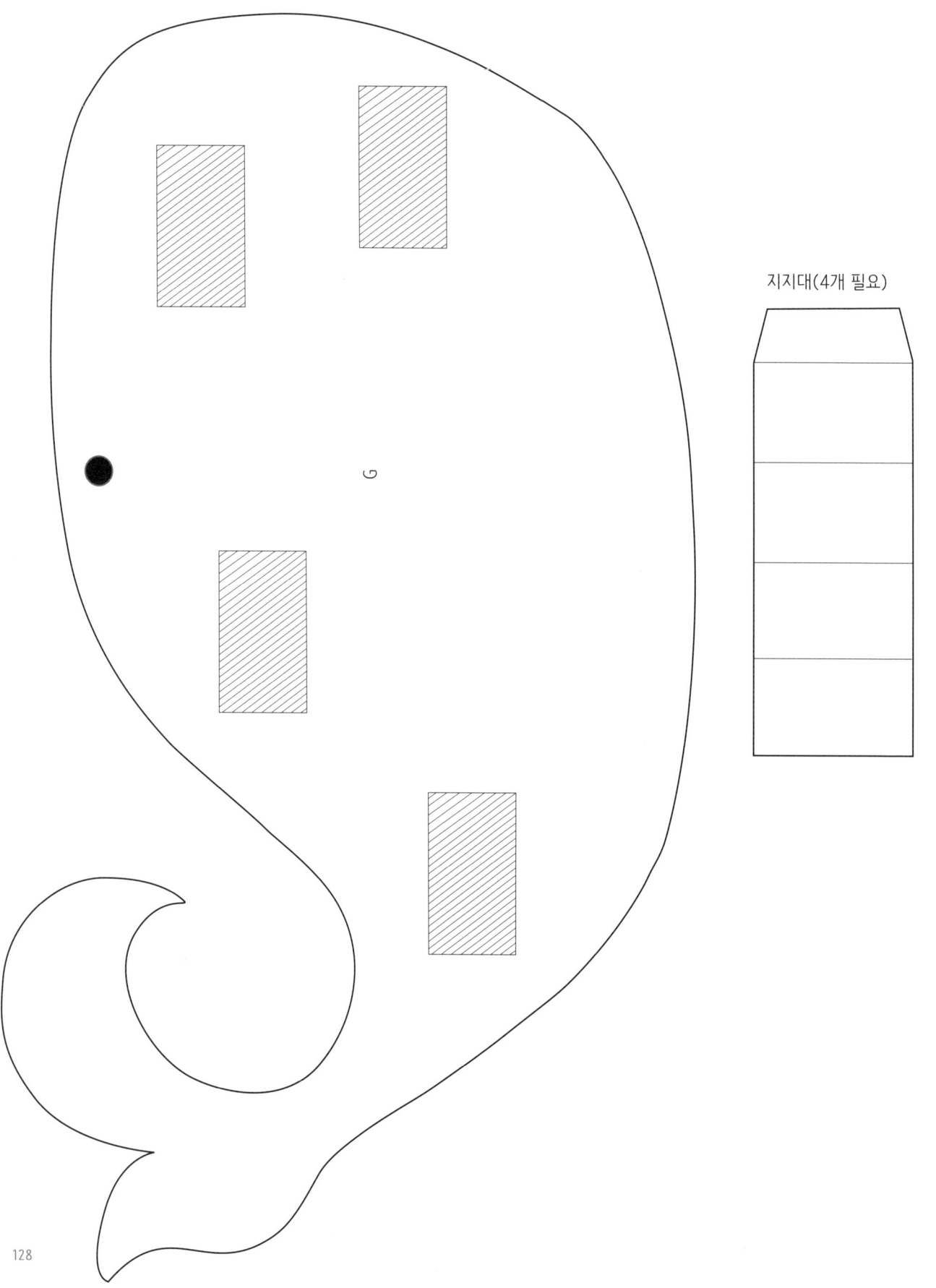

지지대(4개 필요)

G

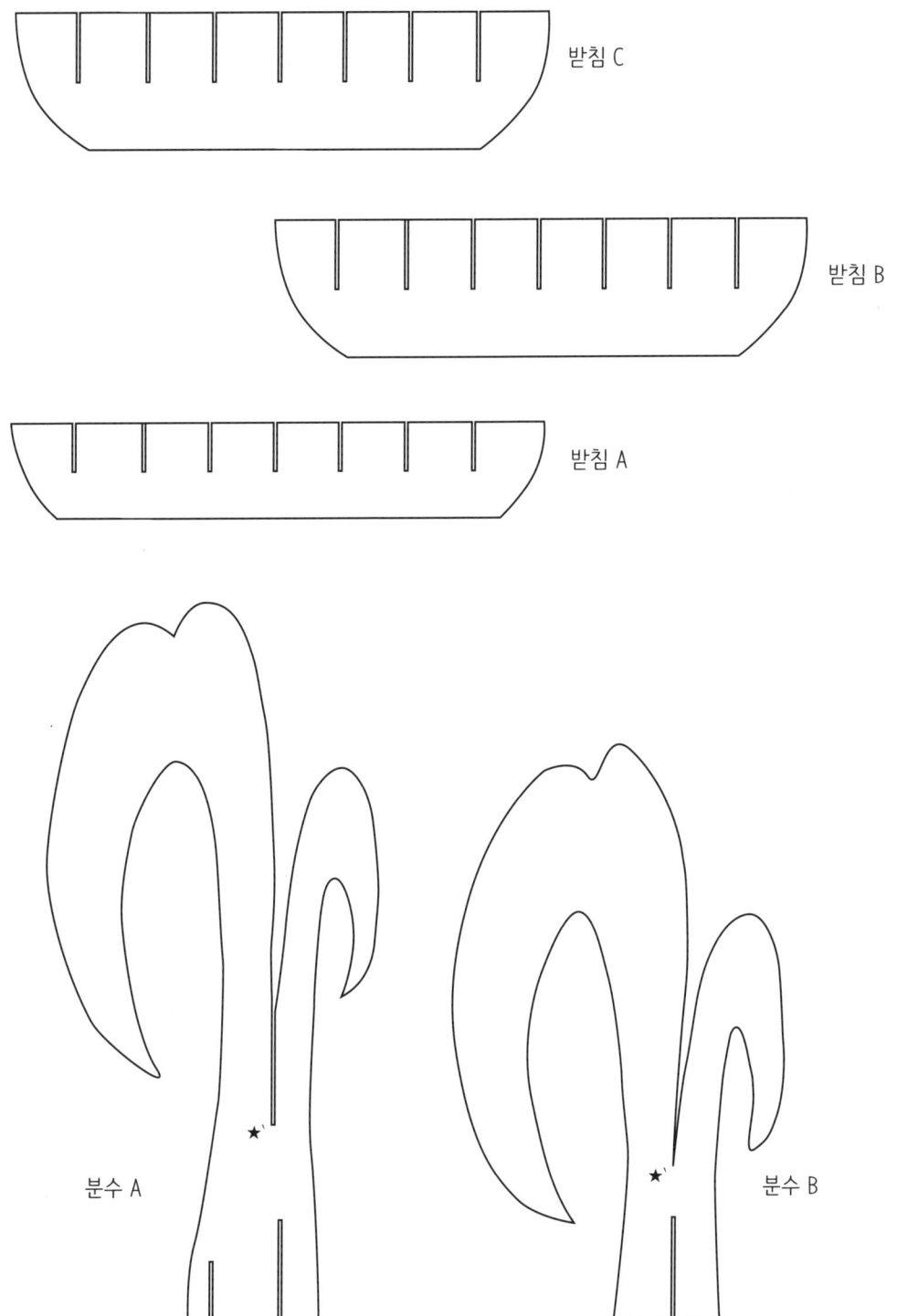

받침 C

받침 B

받침 A

분수 A

분수 B

고래 벽장식

PICTORIAL PAGE * 60P

재료

종이 재료 쏘진 350, 351, 352 : 350g, 4절 각 1장

기타 재료 칼, 자, 가위, 양면테이프

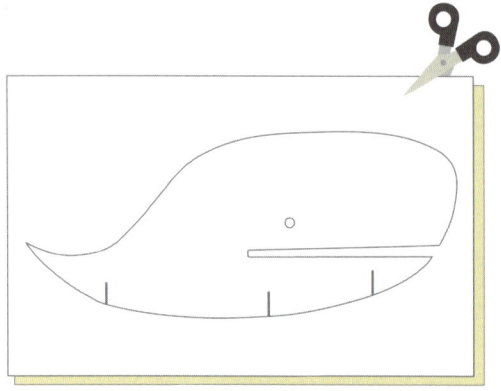

01 도면에 맞춰 잘라 각각 준비해요.

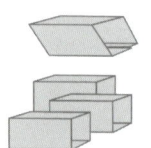

02 지지대 4개를 접어
준비해요.

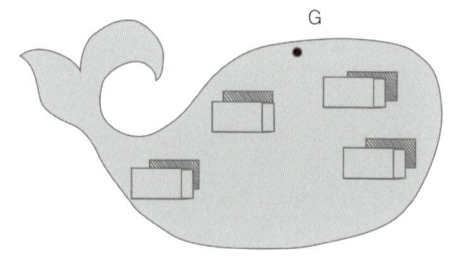

03
G에 지지대 4개를 빗금 친 자리에
붙여요.

04

받침대 A, B, C 3개를 세워 놓
고 잘라 놓은 고래를 A~F 순
으로 끼워요.

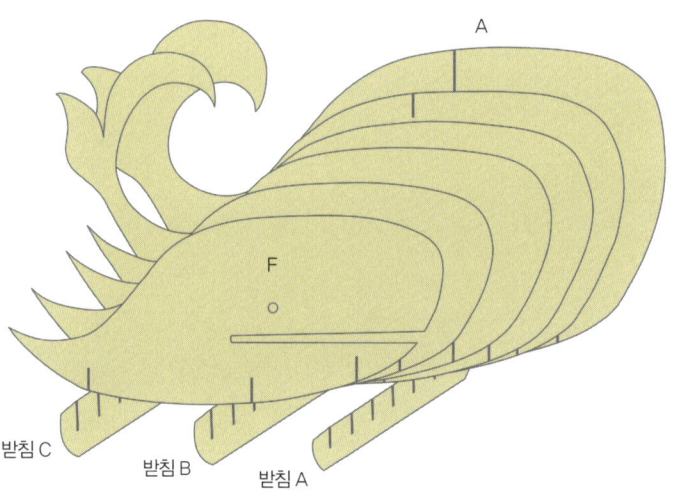

받침 C   받침 B   받침 A

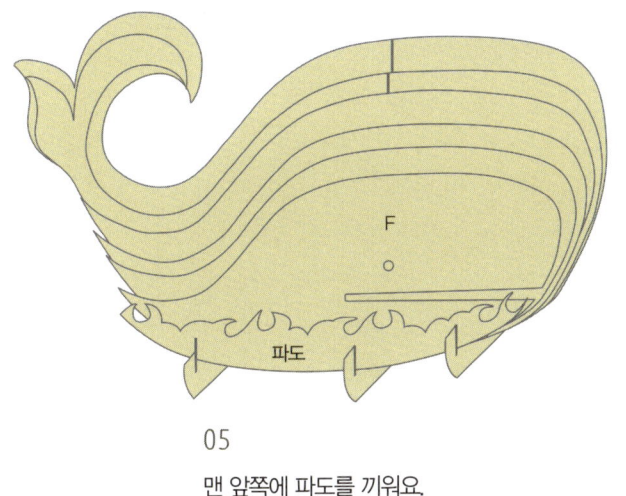

F

파도

05

맨 앞쪽에 파도를 끼워요.

06

분수 2개.
A, B를 끼워요.

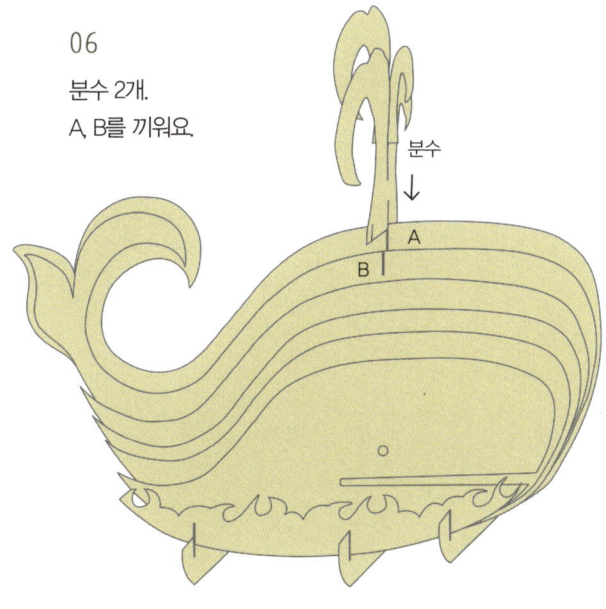

분수
↓

A

B

G

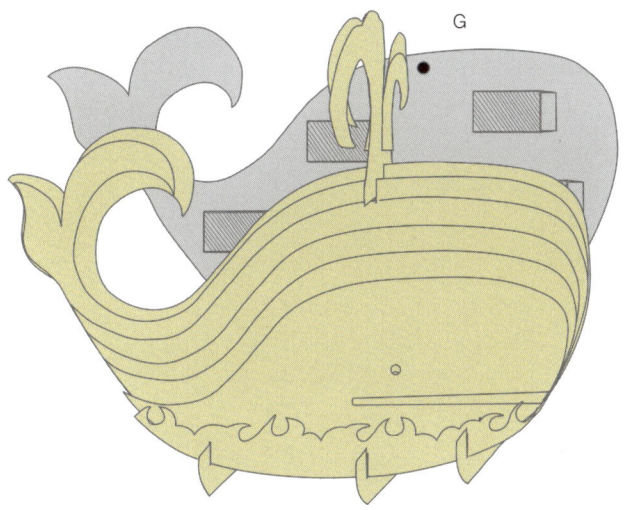

07

06에 03(G)에서 완성된 고래를 붙여 고래 벽
장식을 완성해요(벽에 걸고 싶으면 G에 동그
랗게 구멍을 내어 걸어줘요).

연꽃 바구니 도면

· 앞의 화보 64P의 연꽃 바구니는 도면을 230%
 확대한 꽃잎 8장과 바닥 1장의 기본 바구니
 (완성 크기 28cm 정도)임.
  연꽃 접시는 꽃잎을 200% 확대한 8장과 바닥
 을 220% 확대한 2장의 접시(대)임(완성 크기
 28cm 정도).

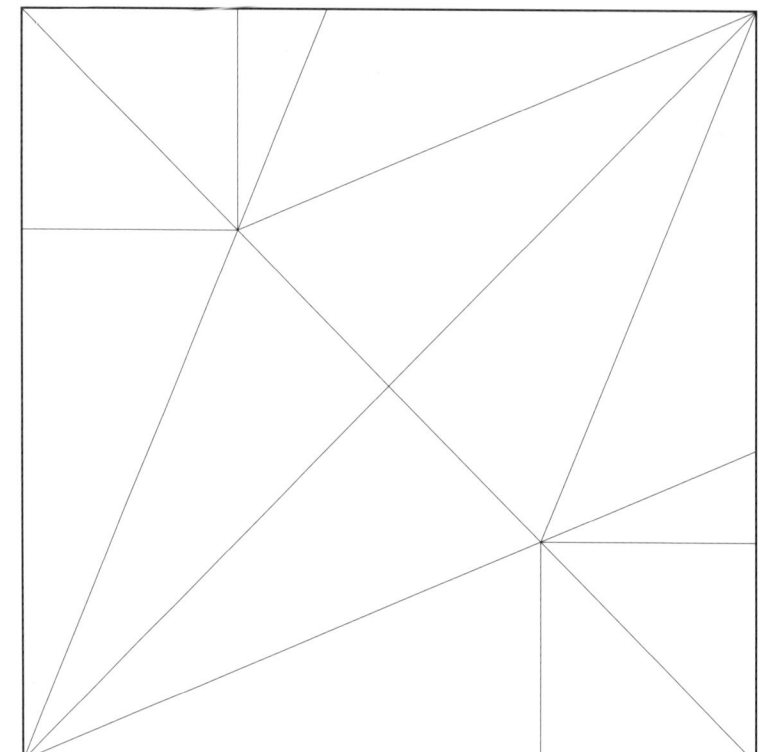

꽃잎

바닥

연꽃 바구니

PICTORIAL PAGE * 64P

재료

종이 재료 엔젤클로스 버크럼 KEN 104 : 115g, 4절 5장(64P 바구니 기준)

기타 재료 칼, 자, 글루건, 딱풀

바구니 꽃잎 1개 만들기

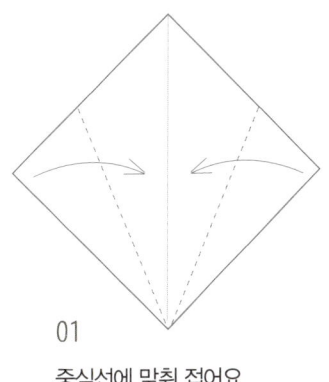

01

중심선에 맞춰 접어요.

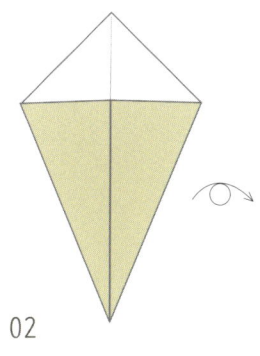

02

뒤집어요.

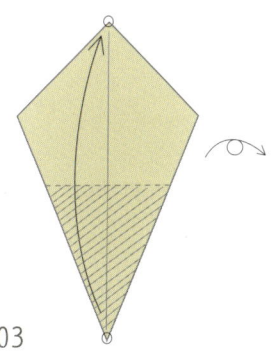

03

빗금 친 부분에 풀칠하여 o에 맞춰 접어 붙이고 뒤집어요(연결대를 이용한 큰 바구니를 만들 경우에는 풀칠하지 않아요).

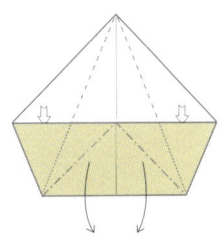

04

화살표 방향으로 잡아당겨 펼쳐 눌러 접어요.

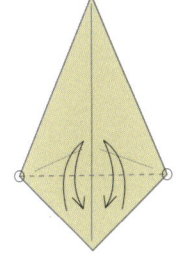

05

접었다 펴요.

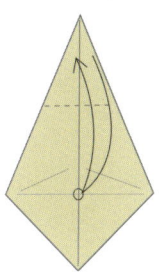

06

o에 맞춰 접었다 펴요.

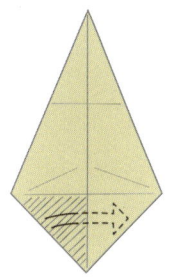

07

빗금 친 부분에 풀칠 후 화살표 방향대로 끼워 붙여요.

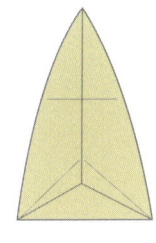

08

1장 완성. 같은 방법으로 7장 더 접어요.

바닥 만들기

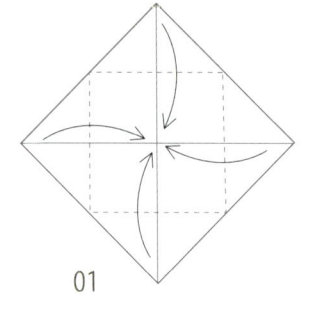

01

4군데 모두 접어요.

02

4군데 모두 접었다 펼쳐요.

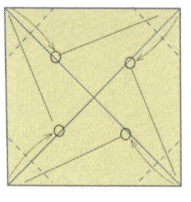

03

○에 맞춰 접어요.

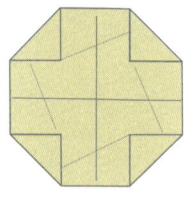

04

풀로 붙이면 바닥이 완성돼요.

바구니 조립하기

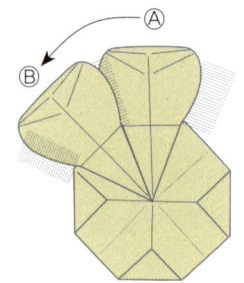

01

바닥에 꽃잎을 풀로 붙인 후 빗금 친 윗 부분
을 글루건(풀)으로 풀칠해 겹쳐 붙여요.

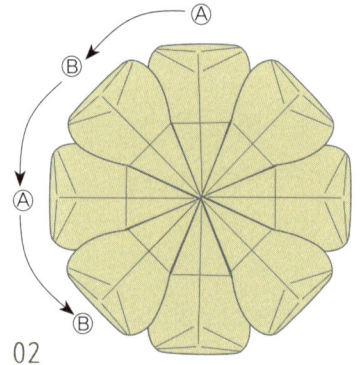

02

Ⓐ를 중심에 놓은 후 Ⓑ를 그 위에 붙여요 그리고 Ⓐ를
아래로 붙이고 Ⓑ를 위에 붙여 완성해요(시계 순으로).

하나 더!!

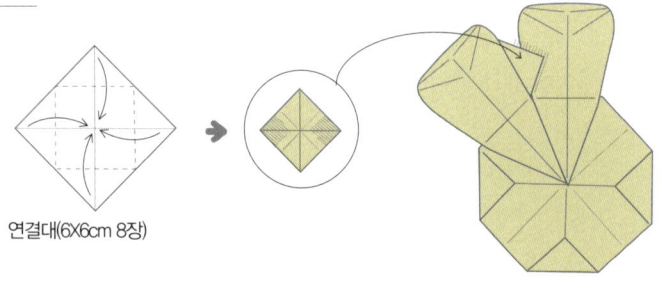

연결대(6X6cm 8장)

연결대를 테두리 사이사이에
끼워가며 바닥에 붙여요.

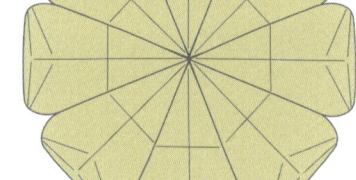

연결대를 붙여 조립해 큰 바구니를 완성해요.

연결대로 큰 바구니 만들기

화보 65P의 큰 바구니는 250% 확대한 도면으로, 바구니 만들기와 바닥 만들기는 동일해
요. 단 바구니 조립하기에서 연결대(6X6cm 8장)를 만들어 바구니 꽃잎들 사이에 붙여 연결
해 완성해요(꽃잎 03에서 풀칠하지 않아야 연결대를 붙일 수 있어요).

PICTORIAL PAGE * 66P

연꽃 접시

바구니 접기 방법을 활용해 접시를 만들어 연꽃 모양을 연출하거나 바구니와 같이 활용하면 좋아요.

재료

종이 재료 접시(대) 플랙스위브 110 : 112g, 4절 5장

접시(중) 플랙스위브 109 : 112g, 4절 2장

접시(소) 플랙스위브 104 : 112g, 4절 1장

기타 재료 칼, 자, 양면테이프, 글루건, 딱풀

132P의 연꽃 바구니 도면을 이용

접시(대)는 꽃잎 도면 200% 8장, 바닥 도면 220% 2장 / 접시(중)은 꽃잎 도면 160% 8장, 바닥 도면 180% 2장

접시(소)는 꽃잎 도면 130% 8장, 바닥 도면 150% 2장을 준비해요.

연꽃 접시 꽃잎 만들기

연꽃 바구니의 꽃잎 만들기를 같은 방법으로 8장을 만들어 준비해요.

*작은 사이즈 접시를 만들 때도 방법은 동일해요.

바닥 만들기

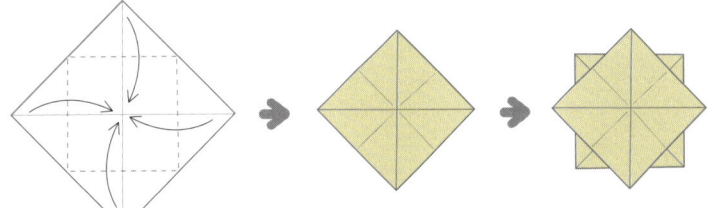

준비한 바닥용 종이를 4군데 모두 접어 2장을 준비해요. 준비한 2장의 종이를 엇갈리게 붙여 바닥을 만들어요.

접시 조립하기

빗금 친 부분에 꽃잎을 하나씩 붙여요.

전체를 돌려 붙이면 접시가 완성돼요.
크고 작은 사이즈의 접시를 만들어 겹쳐서 활용하면 연꽃 모양이 돼요.

꽃과 잎 도면

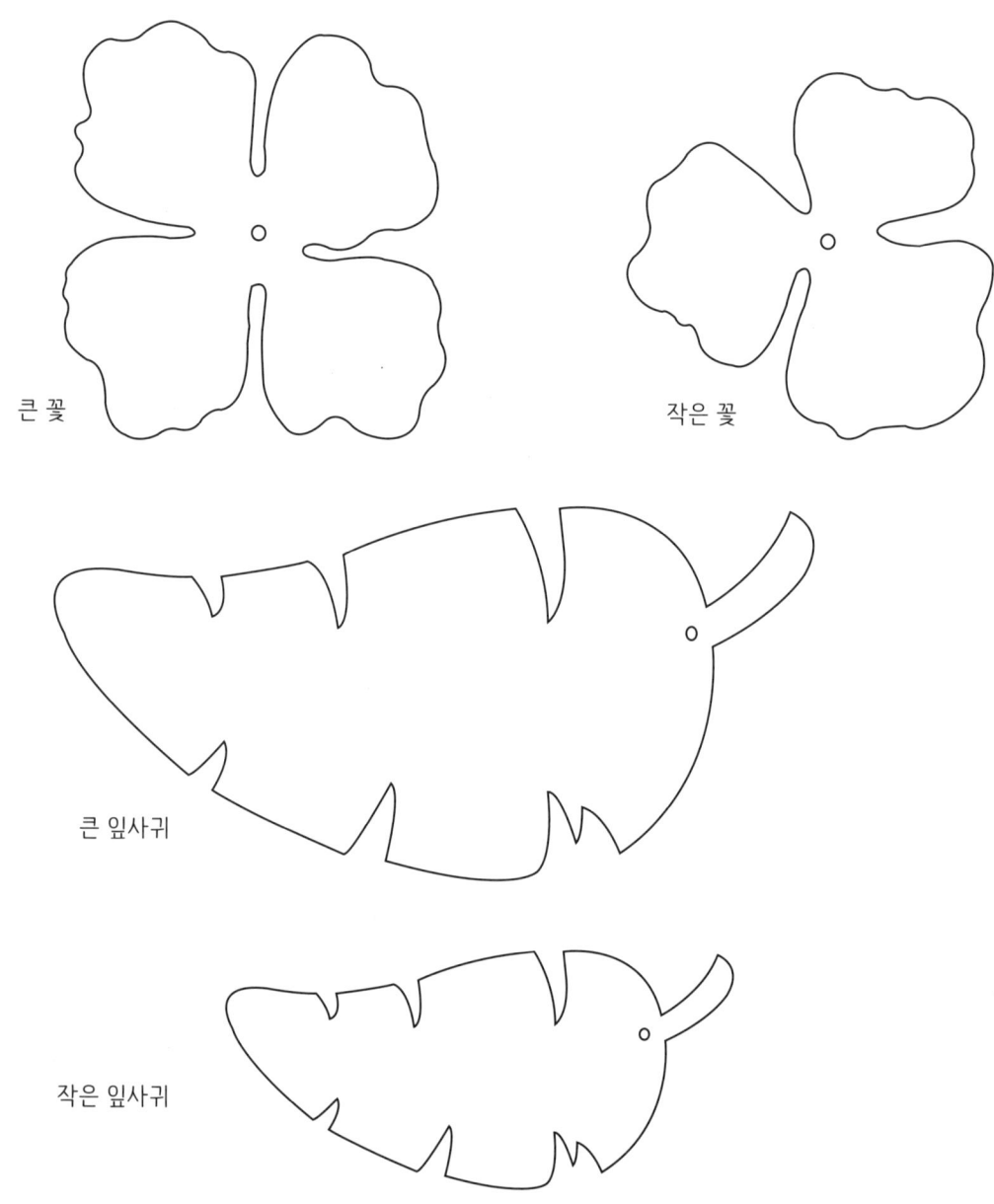

큰 꽃

작은 꽃

큰 잎사귀

작은 잎사귀

- 이 도면은 100% 사이즈.
- 화보 68P, 71P는 큰 꽃 11개, 작은 꽃 7개, 큰 잎사귀 7개, 작은 잎사귀 7개 외에 10%~15% 축소한 큰 꽃 7개, 작은 꽃 7개가 필요.

꽃 갈란트

PICTORIAL PAGE * 68P

재료

종이 재료 칼라머메이드 33, 60, 84, 87, 88, 91 : 178g, 뉴칼라 17 : 128g, 4절 각 1장(68P 기준)

기타 재료 칼, 자, 가위, 칼라 할 핀(25~30개), 연결 끈(150cm), 나무집게(25~30개), 나무구슬(25~30개)
송곳(작은 구멍을 낼 수 있는 펀치)

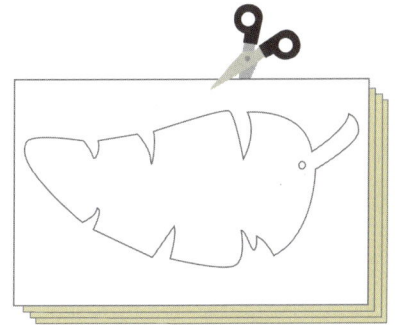

01   얇은 종이에 도안을 복사해서 커팅할 종이에 놓고 큰 꽃 11개, 작은 꽃 7개, 큰 잎사귀 7개, 작은 잎사귀 7개를 오려요.
이중으로 된 겹꽃을 만들기 위해 도안에서 10%~15% 축소한 큰 꽃 7개, 작은 꽃 7개를 오려요.

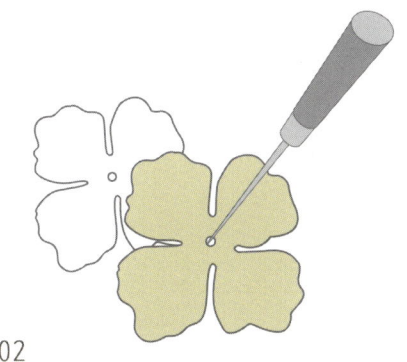
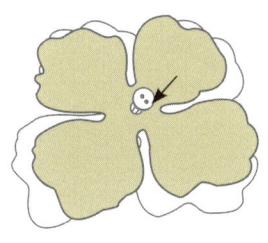
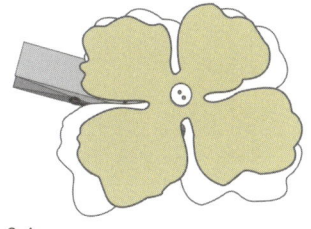

02   준비된 모든 꽃잎 중심 부분에 송곳
이나 작은 구멍 펀치로 구멍을 내요.

03   2장이 겹치는 꽃잎은 할 핀을 끼워요.

04   꽃잎 뒤쪽에 나무집게를 붙여요.

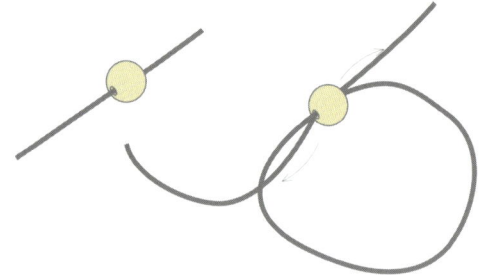

05

연결 끈에 나무 구슬 1개를 넣어 한 번 돌려 다시 구멍으로 넣어 매듭을 만들어요. 같은 방법으로 구슬을 여유 있게 끼워요(매듭지어진 구슬은 길이 조절이 가능해요).

06

다 엮은 구슬 중간중간에 꽃잎과 나뭇잎을 매달아 갈란트를 완성해요.

PICTORIAL PAGE * 71P

하나 더!!

꽃을 집게로 꽂아 갈란트를 만들 수도 있지만, 꽃과 잎사귀 구멍에 연결 끈을 연결해 갈란트를 만들어요.

꽃잎 끝을 살짝 굴려 조금 더 러블리한 갈란트를 만들 수 있어요.

갈란트를 매달 수도 있지만, 테이블 위에 멋스럽게 장식을 할 수도 있어요.

PICTORIAL PAGE * 70P

화관 갈란트

꽃 도안을 활용해 커다란 화관 모양의 갈란트를 만들 수 있어요. 화관 모양의 갈란트는
이름이나 알파벳 기호 등을 장식해 활용도가 높게 사용할 수 있어요.

재료

종이 재료 칼라머메이드 33, 60, 84, 87, 88, 91 : 178g, 뉴칼라 17 : 128g, 4절 각 1장.
기타 재료 칼, 자, 가위, 칼라 할 판(25~30개), 연결 끈(150cm), 나무집게(25~30개), 나무구슬(25~30개)
송곳(작은 구멍을 낼 수 있는 펀치)

화관 갈란트를 만들기 위해서는 뉴칼
라 종이를 큰 꽃잎용으로 20×20cm,
작은 꽃잎용으로 18×18cm로 잘라
준비해 다음과 같이 접어요.

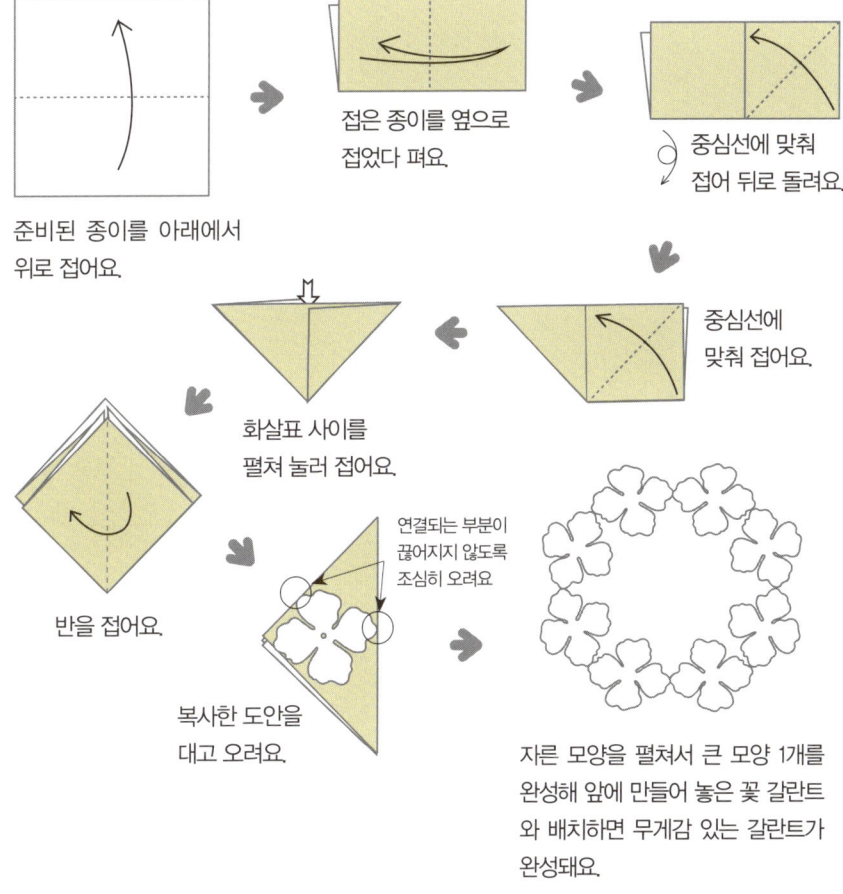

준비된 종이를 아래에서
위로 접어요.

접은 종이를 옆으로
접었다 펴요.

중심선에 맞춰
접어 뒤로 돌려요.

중심선에
맞춰 접어요.

화살표 사이를
펼쳐 눌러 접어요.

반을 접어요.

연결되는 부분이
끊어지지 않도록
조심히 오려요

복사한 도안을
대고 오려요.

자른 모양을 펼쳐서 큰 모양 1개를
완성해 앞에 만들어 놓은 꽃 갈란트
와 배치하면 무게감 있는 갈란트가
완성돼요.

내추럴 리스 도면

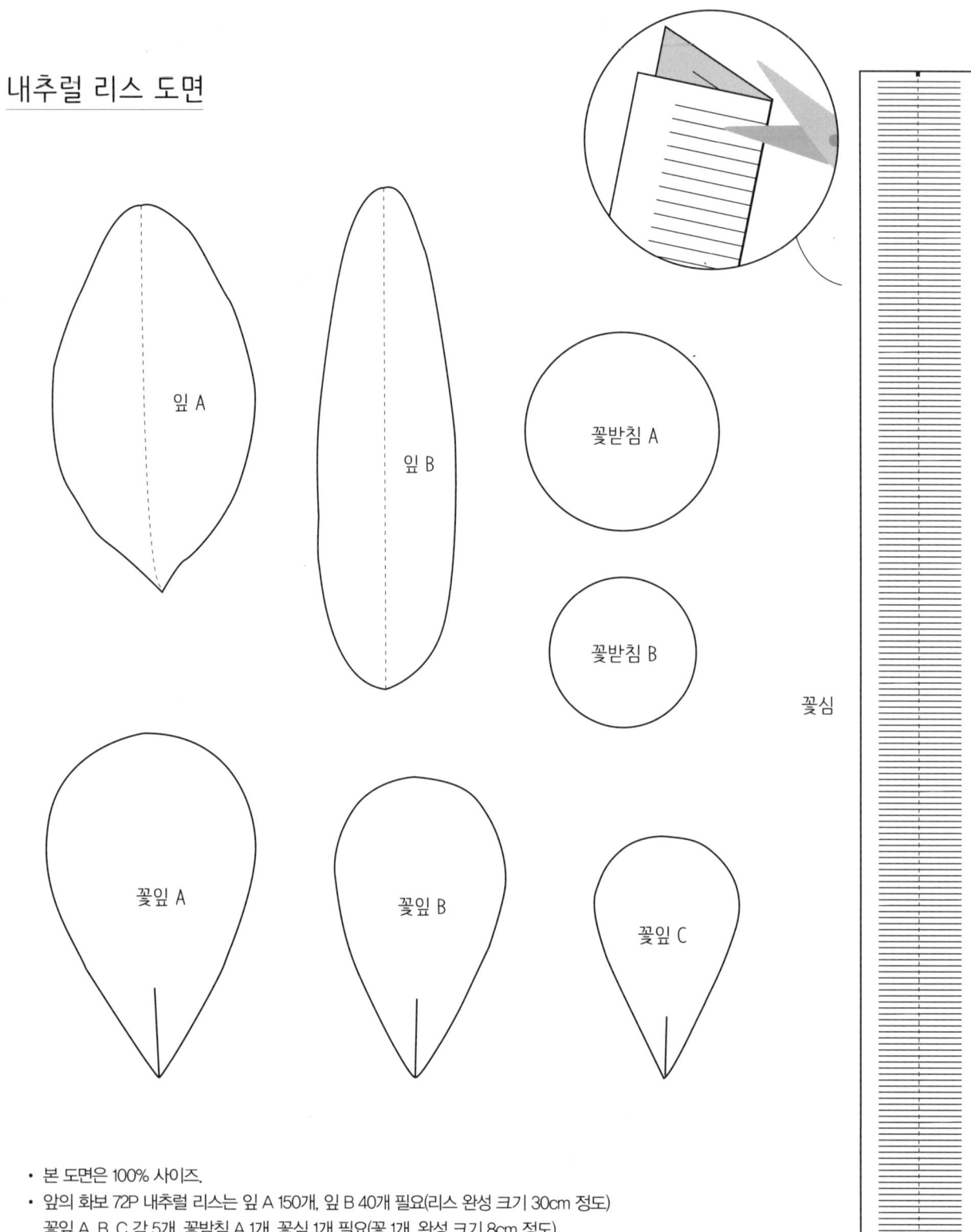

잎 A

잎 B

꽃받침 A

꽃받침 B

꽃잎 A

꽃잎 B

꽃잎 C

꽃심

- 본 도면은 100% 사이즈.
- 앞의 화보 72P 내추럴 리스는 잎 A 150개, 잎 B 40개 필요(리스 완성 크기 30cm 정도)
  꽃잎 A, B, C 각 5개, 꽃받침 A 1개, 꽃심 1개 필요(꽃 1개, 완성 크기 8cm 정도)

내추럴 리스

PICTORIAL PAGE * 72P

재료

종이 재료 디자이너스칼라 P66, P67, L66 : 116g, 4절 각 2장, 디자이너스칼라 N66 : 116g, 4절 1장

마로니에 07 : 116g, 4절 1장, 뉴크라프트보드 300g, 4절 2장

기타 재료 칼, 자, 가위, 양면테이프, 스테플러, 글루건

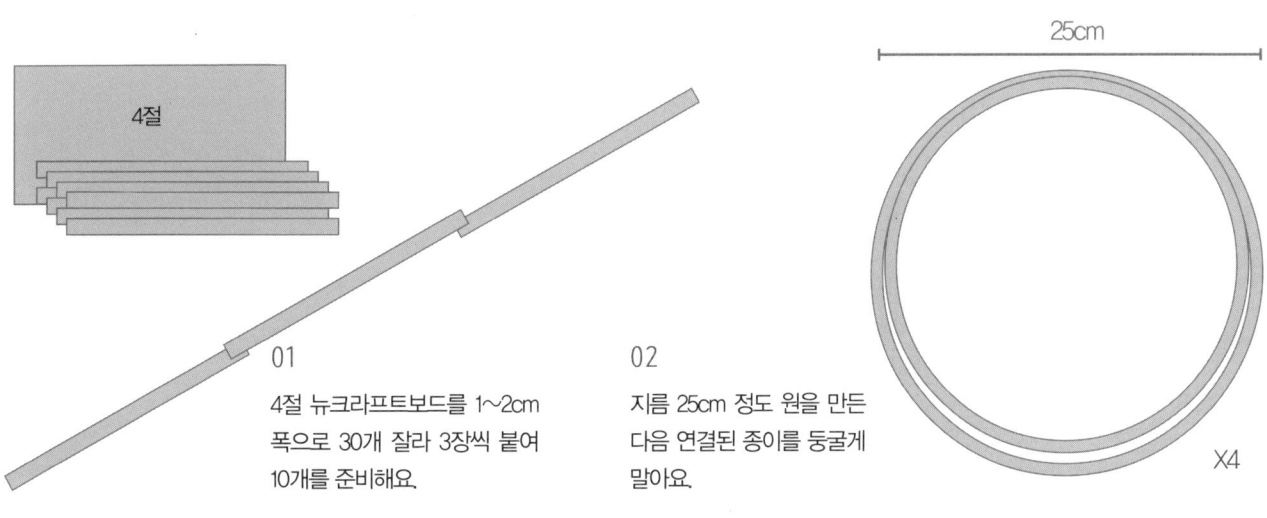

01
4절 뉴크라프트보드를 1~2cm
폭으로 30개 잘라 3장씩 붙여
10개를 준비해요.

02
지름 25cm 정도 원을 만든
다음 연결된 종이를 둥글게
말아요.

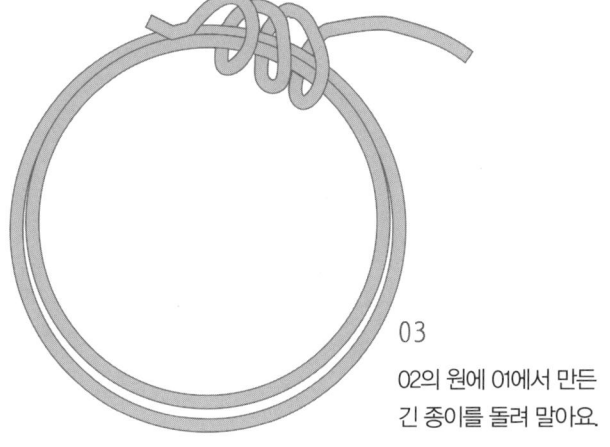

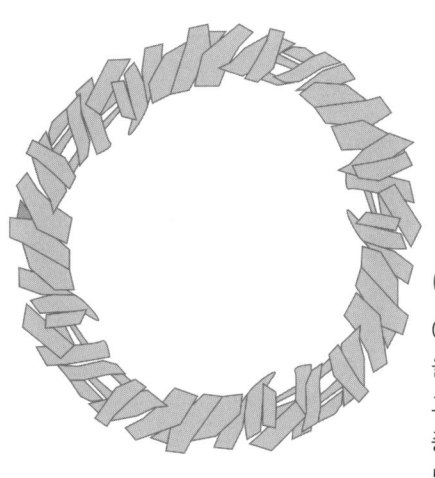

03
02의 원에 01에서 만든
긴 종이를 돌려 말아요.

04
03의 원에 다시 02의 원
을 겹쳐 말아 반복해요.
그리고 01에서 남은 긴
종이 2개를 겹쳐 말아 두
툼하게 만들어요.

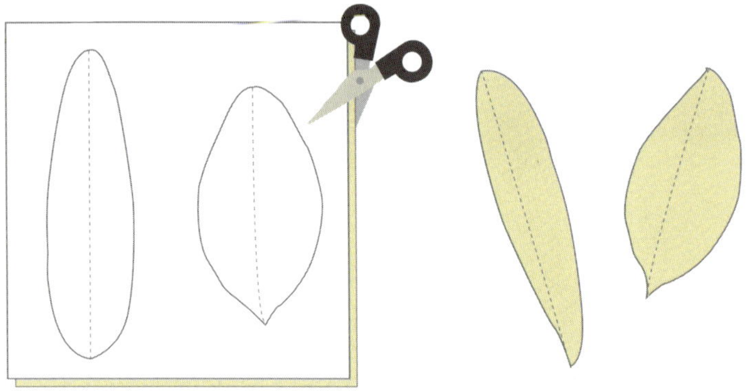

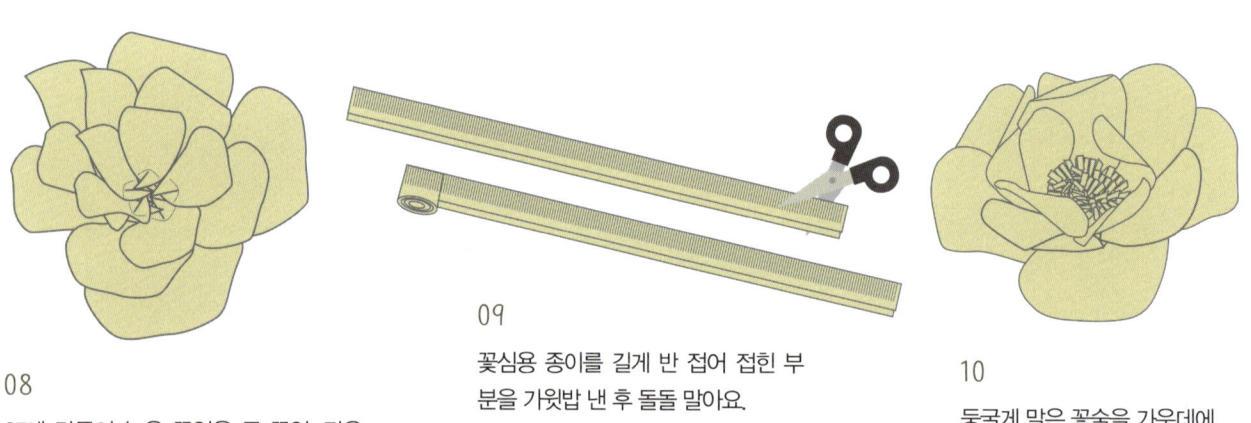

05

잎 모양 도안을 복사해서 커팅할 종이 잎 A 150개와 잎 B 40개를 오려 준비해요(잎의 가운데를 접어줘서 볼륨감을 줘요).

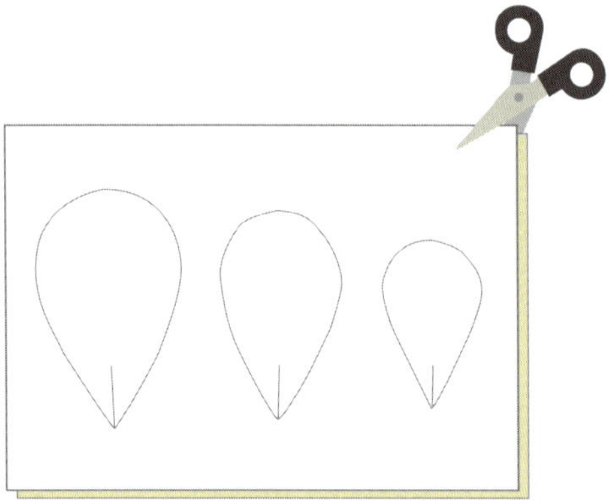

06

꽃잎 A, B, C 5장씩 오려요.

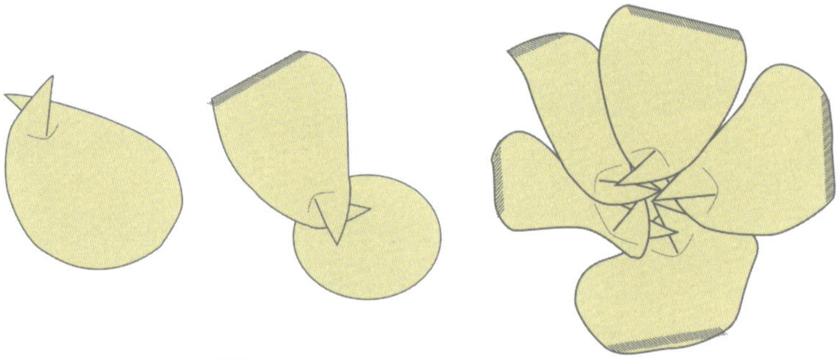

07

꽃잎 가운데 오린 자리를 엇갈리게 붙여요. 같은 방법으로 자른 꽃잎들을 만들어 둥글게 붙여요.

08

07에 만들어 놓은 꽃잎을 큰 꽃잎, 작은 꽃잎 순으로 둥글게 붙여요.

09

꽃심용 종이를 길게 반 접어 접힌 부분을 가윗밥 낸 후 돌돌 말아요.

10

둥글게 말은 꽃술을 가운데에 붙여 꽃을 완성해요.

11

04에 만든 리스틀에 06에 만든 잎들을
끼워 붙여요.

12

잎들을 둥글게 끼워 붙이고, 만들어
놓은 꽃을 붙여 리스를 완성해요.

PICTORIAL PAGE * 74P

하나 더!!

만들어 놓은 리스를 문에 걸면 문을 열 때 설레임을 주기도 하지만
테이블 위에 예쁘게 놓고 가운데 향초나 꽃병을 장식해서 색다른 분
위기를 연출할 수도 있어요.

작은 집 A/B 도면

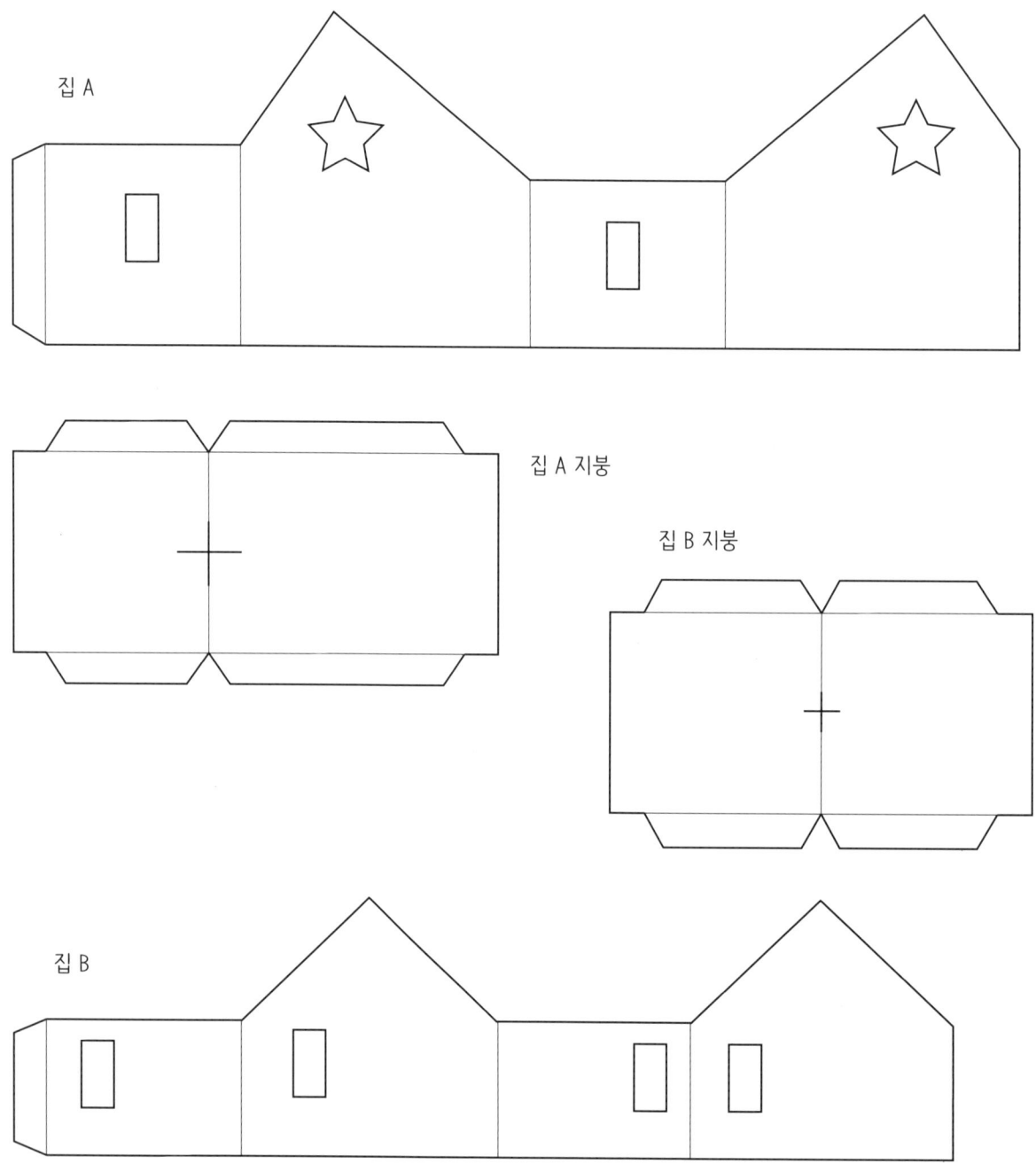

집 A

집 A 지붕

집 B 지붕

집 B

- 본 도면은 100% 사이즈.
- 앞의 화보 76P 작은 집 연결 조명은 집 A 9개, 집 B 9개 필요. 79P는 큰 집 1개, 집 A 5개 필요.

작은 집 연결 조명

PICTORIAL PAGE * 76P

재료

종이 재료 팬시홀 Q 엔티랏샤 032 : 151g, 팬시홀 F 디자이너스칼라 DC02 : 116g, 디자이너스칼라 L73,
P60, P66, P67, P70 : 116g, 8절 각 1장(76P 기준)

기타 재료 칼, 자, 양면테이프, LED 전구

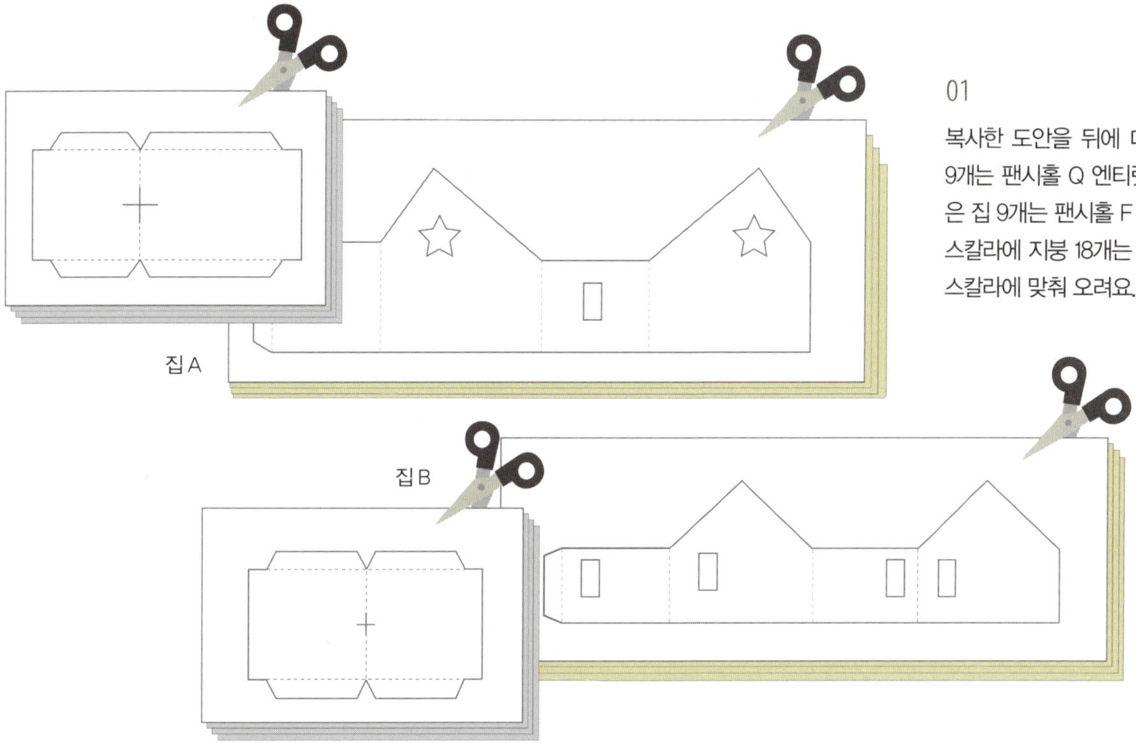

집 A

01

복사한 도안을 뒤에 대고 큰집
9개는 팬시홀 Q 엔티랏샤에 작
은 집 9개는 팬시홀 F 디자이너
스칼라에 지붕 18개는 디자이너
스칼라에 맞춰 오려요.

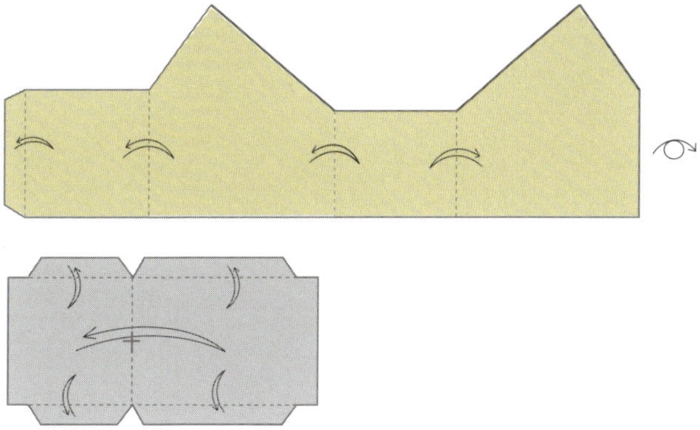

집 B

02

잘라 놓은 집 도면을 화살표대로
접었다 펴요(지붕도 화살표대로
접었다 펴요).

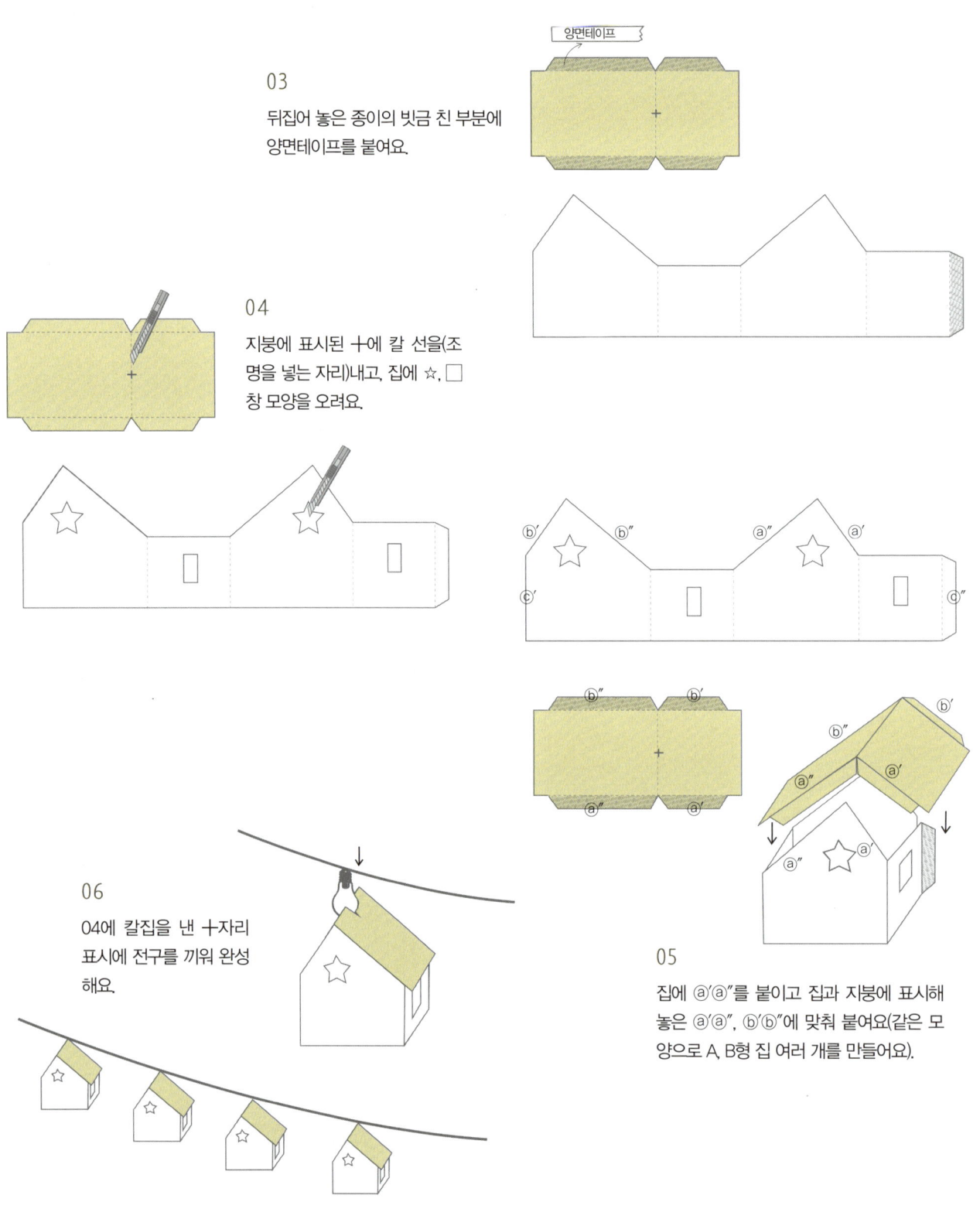

03

뒤집어 놓은 종이의 빗금 친 부분에 양면테이프를 붙여요.

양면테이프

04

지붕에 표시된 ✛에 칼 선을(조명을 넣는 자리)내고, 집에 ☆, ☐ 창 모양을 오려요.

05

집에 ⓐ'ⓐ"를 붙이고 집과 지붕에 표시해 놓은 ⓐ'ⓐ", ⓑ'ⓑ"에 맞춰 붙여요(같은 모양으로 A, B형 집 여러 개를 만들어요).

06

04에 칼집을 낸 ✛자리 표시에 전구를 끼워 완성해요.

PICTORIAL PAGE * 79P

큰 집 조명

작은 집들을 여러 개 연결해 조명을 만들 수도 있지만, 조금 크게 만들어 테이블 용 장식 조명을 만들 수도 있어요. 예쁜 꼬마 집 무드 등으로 아기자기하게 꾸며 봐요. 여러 가지 패턴지로 다양한 집 분위기를 만들어 볼 수도 있어요.

재료

종이 재료 팬시홀 Q 엔티랏샤 032 : 151g, 팬시홀 F 디자이너스칼라 DC02 : 116g,
　　　　　 뉴칼라 18, 20, 24, 32, 42 : 128g, 8절 각 1장, 지붕 포장지

기타 재료 칼, 자, 양면테이프, LED 전구

큰 집 도면

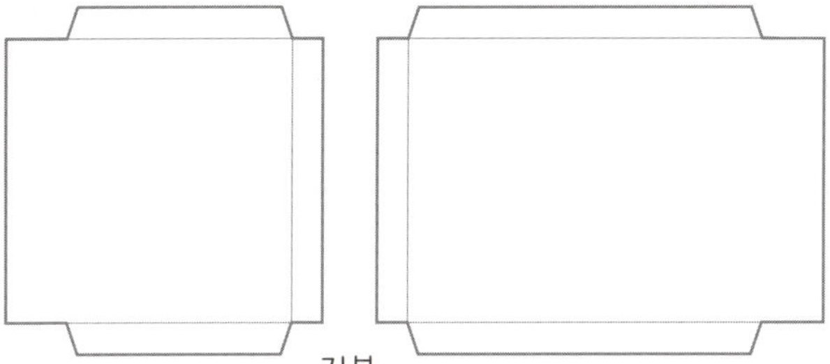

지붕

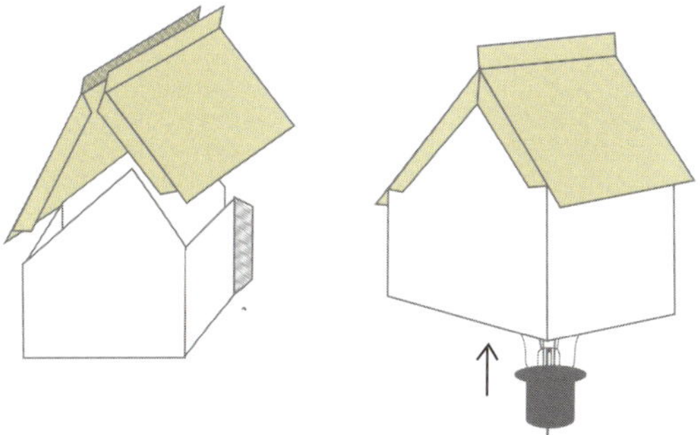

79P처럼 테이블 조명용으로 크게 만들 경우 지붕을 왼쪽 도면과 같이 두 면을 만들어 붙여 완성하면 좀 더 안정적인 형태로 세울 수가 있어요(본 도면은 지붕에 조명을 끼우는 자리가 없어요).

큰 집

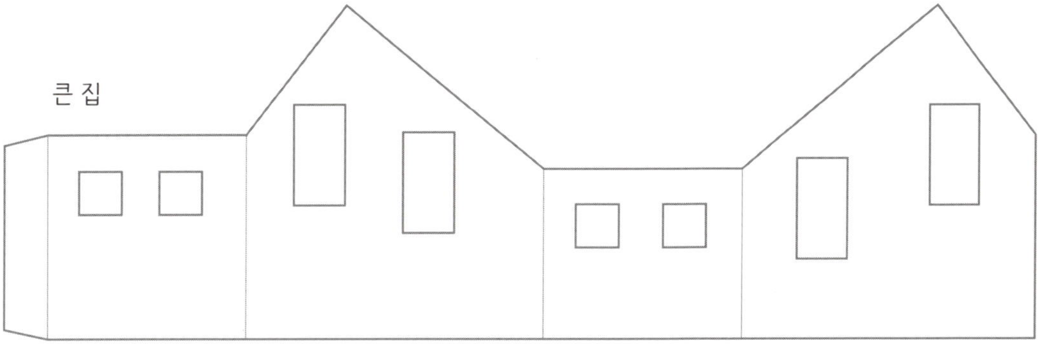

• 앞의 화보 79P 큰 집 조명은 본 도면 330% 확대.